动车所运营管理模式研究
——以温州南动车所为例

张　冶　黎亮亮　诸葛铁胤　董绍军　编

中国财富出版社有限公司

图书在版编目（CIP）数据

动车所运营管理模式研究：以温州南动车所为例／张冶等编 . —北京：中国财富出版社有限公司，2024.5

ISBN 978-7-5047-8160-4

Ⅰ.①动…　Ⅱ.①张…　Ⅲ.①高速动车—车辆段—运营管理—管理模式—研究—温州　Ⅳ.①F532.6

中国国家版本馆 CIP 数据核字（2024）第 090999 号

| 策划编辑 | 张　婷 | 责任编辑 | 敬　东　张　婷 | 版权编辑 | 李　洋 |
| 责任印制 | 尚立业 | 责任校对 | 卓闪闪 | 责任发行 | 董　倩 |

出版发行	中国财富出版社有限公司		
社　　址	北京市丰台区南四环西路 188 号 5 区 20 楼	邮政编码	100070
电　　话	010-52227588 转 2098（发行部）	010-52227588 转 321（总编室）
	010-52227566（24 小时读者服务）	010-52227588 转 305（质检部）
网　　址	http：//www.cfpress.com.cn	排　　版	宝蕾元
经　　销	新华书店	印　　刷	北京九州迅驰传媒文化有限公司
书　　号	ISBN 978-7-5047-8160-4/F·3659		
开　　本	710mm×1000mm　1/16	版　　次	2024 年 11 月第 1 版
印　　张	12.75	印　　次	2024 年 11 月第 1 次印刷
字　　数	195 千字	定　　价	59.00 元

本书课题组

课题负责人：林建奇 王仲厅 周 妲

课题组成员：陈建职 张 冶 黎亮亮 诸葛铁胤 董绍军

张 茜 沙如洋 曾涨雨 尹紫红 叶 群 蔡景潮

徐 旭 肖海东 施 舒 杨 维 董建统 林常均

参 与 单 位：温州动车所项目有限公司 西南交通大学

■ 前　言

　　列车的正常和安全运营，离不开动车所这个车辆"休整站"。动车所，全称为动车运用所，也可称为动车组检修站，专门针对动车组列车进行检查、测试、维修和养护等作业，属于铁路车辆检修基地的一种类型。动车所的建设是巩固提升高铁枢纽功能的重要环节。地方动车所建成投入使用后，将辐射所在省内高铁网及城际网，大幅提升所在省的动车组检修、存放能力，为未来的高铁建设提供有力保障。随着铁路技术的日益进步和市场需求的不断增长，动车所的运营管理急需新的模式。

　　编者为探寻地方出资建设的动车所营收问题的解决方式，提高动车所自身"造血"能力，使动车所本身能够达到收支平衡，故撰写本书。本书主要阐述了当前铁路系统中动车所的运营情况，包括现状、成本和收益等，并以温州南动车所为例，研究了动车所的使用者付费模式，探究了各种付费模式的现状，并对动车所PPP（Public-Private-Partnership，政府和社会资本合作）项目的运营收费模式进行了深入分析，针对目前的付费模式存在的问题和不足，给出了实施策略与建议。本书内容共分7章，各章内容如下。

　　第1章从动车所建设需求的角度，分析了我国动车所建设的必要性。为保证我国高速铁路事业的蓬勃发展，作为高速铁路列车"休整之地"的动车所建设十分重要。

　　第2章概述了我国主要动车所运营管理模式，主要包含无偿移交模式、委托运营模式、地方独立运营模式、公司回购模式、"站城融合"模式以及其他模式。研究显示，随着铁路技术的日益进步和市场需求的不断增长，动车所的运营管理需要采用新的模式。

　　第3章研究了动车所的使用者付费模式，针对目前的付费模式存在的问题和不足，探究了各种付费模式的现状，并在动车所运营业务全过程服务项目的基础上，对于动车所PPP项目的运营收费模式进行了深入分析，给出了实施策略与建议，以更好地满足市场需求。

第4章分析了建设和发展温州南动车所的必要性，重点研究了铁路系统中动车所的运营情况，包括现状、成本和收益等，给出了动车所运营中涉及的各项成本以及效益。研究发现，由于温州南枢纽的客流量日益增大以及地理位置的独特性，温州南动车所在当前及未来的铁路运营中都占据着重要的地位。

第5章对温州南动车所PPP项目合作运营期收支进行了详细的分析和研究，包括相关政策、收入清算、费用结算方式等，为温州南动车所的长期稳定运营提供了理论支持。结论显示，正确的清算模式和合理的收支平衡策略，有助于温州南动车所长期稳定运行。

第6章结合温州南动车所的特殊情况，提出了适合其自身运营模式的建议。其特殊性在于虽然它是杭温高铁主线的配套附属设施，初步设计方案也是随着杭温高铁主线的设计方案共同批复的，但温州南动车所与杭温高铁主线是完全不同的两个建设主体。杭温高铁是由百盛联合集团作为牵头主体出资修建的，而温州南动车所是由浙江省政府及温州市政府共同出资修建的，其动能定位是为杭温高铁提供配套服务，但由于建设主体不同，故存在使用费单独结算的可行性。基于AHP（层次分析法）的模式选择研究，进一步为温州南动车所的运营管理提供了科学依据。这些建议将有助于推动温州南动车所的发展，提升其运营效率和服务质量，同时也可为其他相关动车所提供借鉴和参考。

第7章对全书进行总结。通过理论研究和实践分析，最终得出符合温州南动车所运营管理模式的发展策略和建议。

本书的出版对于提升动车所运营效率和服务质量具有重要意义，它为优化不同地区动车所的运营管理提供了指导，并为动车所运营管理模式的科学化提供了参考。希望本书能为众多动车所管理者带来启发。

由于编者水平的限制，加之撰写时间仓促，书中难免会有疏漏或不当之处，请读者不吝指正。

编　者

2023 年 12 月

第1章

动车所建设的必要性

1.1　动车所对于铁路运营的重要性分析

　　动车所全称是动车运用所，科学名称是动车组检修站，专门针对动车组列车进行检查、测试、维修和养护等作业，属于铁路车辆检修基地的一种类型。动车所设置在运营动车组的铁路段附近，有专用铁路支线连接铁路主线，是动车夜间返回后的"休整之地"，被职工们形象地称为"动车之家"。

　　华东地区动车所较多，主要有上海虹桥动车所、上海南动车所、南京南动车所、南京动车所、南翔动车所、杭州动车所和合肥南动车所等。

　　但铁路运营亏损是目前大多数铁路项目面临的一个重大难题，尤其是地方出资建设的地方铁路项目，受制于铁路运营的模式、机制、技术，亏损数额巨大，使地方政府财政压力剧增，特别是为动车服务的动车所，受其功能定位的限制，没有直接的收益来源。

　　但是为了保证列车的正常和安全运营，动车所这一车辆"休整之地"必不可少。动车所投用后，将完成动车组检修、检测、试验、外皮清洗、轮对踏面检测等作业，以保证列车部件良好，能对动车组列车提供停放、检修、调试、编组作业。

1.2　铁路运营需求分析

　　为解决铁路运输亏损问题，需要对铁路运营各方面的需求进行分析。随着经济的繁荣，铁路运输的作用越来越大。运输需求是出售运输服务的前提条件，是研究运输市场变化的核心内容之一。它具有派生性、多样性、时空特定性和可替代性。本部分主要从客运和货运两方面对铁路运输需求的影响因素进行探讨。

　　1. 影响铁路旅客运输需求的因素

　　（1）社会经济发展水平。

　　铁路旅客运输需求，既有生产性派生需求，也有消费性派生需求。因此，铁路旅客运输需求与社会、经济发展以及市场繁荣程度密切相关。当社会稳定、经济繁荣时，这种需求会明显上升；反之，则会下降。

（2）居民生活水平和消费水平。

居民生活水平的高低影响其消费水平，而消费水平又将直接影响旅行需求。人口数量是构成市场的要素之一，铁路旅客运输的对象是人，所以人口数量是影响铁路旅客运输需求的重要因素。

（3）旅客运价。

旅客运价是旅客运输这一服务的销售价格，铁路旅客运价的高低直接影响铁路旅客运输需求的多少。

（4）客运服务质量。

服务质量是影响旅客运输需求的重要因素之一，而客运服务质量中最重要的一项指标就是安全。运输的时间效用和舒适程度成为人们选取不同运输方式的主要参考指标。

2. 影响铁路货物运输需求的因素

（1）经济发展速度和水平。

货物运输需求的多少取决于国民经济的发展速度和水平。当经济发展较快时，社会上会产生更多的运输需求，而当经济发展放慢或停滞时，运输需求也随之减少。

（2）货物运价。

货物运价对其运输需求会产生很大影响，在经济发展的不同时期，这种影响表现的程度不尽一致。与旅客运输不同的是，货物运输服务价值更多地体现在便捷、迅速、准确上。

（3）产业结构和产品结构因素。

国民经济产业结构、产品结构的变化和调整对运输需求会产生明显的影响。例如，重工业产生的货物周转量通常要大于轻工业，而轻工业又大于服务业。不同产品的厂外运输需求不同，因而产品结构也会影响运输需求。

《2021 年铁道统计公报》显示，全国铁路旅客发送量完成 26.12 亿人，比上年增加 4.08 亿人，增长 18.5%。其中，国家铁路 25.33 亿人，比上年增长 16.9%。全国铁路旅客周转量完成 9567.81 亿人千米，比上年增加 1301.62 亿人千米，增长 15.7%。其中，国家铁路 9559.09 亿人千米，比上年增长 15.8%。如图 1-1 所示，全国旅客发送量在 2019 年前持续增长，2020 年，受新冠肺炎疫情影响，人数出现断崖式下降，但是随着国家的防控措施不断优化，人数呈显著上升态势。

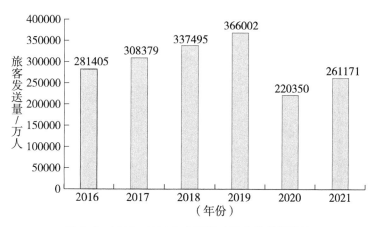

图 1-1　2016—2021 年全国铁路旅客发送量统计

受新冠肺炎疫情等因素影响，2022 年货运量延续下降态势，客运量持续处于低位，港口货物吞吐量增速有所放缓。根据中华人民共和国交通运输部政府公开信息（见图 1-2 和图 1-3），2021 年至 2022 年客运量增长速率忽高忽低。2022 年 11 月，完成交通固定资产投资 3695 亿元，同比增长 0.9%。其中，完成公路投资 2800 亿元，同比增长 5.4%；完成水运投资 182 亿元，同比增长 21.2%。2022 年 1—11 月，完成交通固定资产投资 3.5 万亿元，同比增长 5.8%。其中，完成公路投资 2.6 万亿元，同比增长 9.1%；完成水运投资 1478 亿元，同比增长 10.2%，仍然维持较高水平。但是在 2022 年 12 月，国务院联防联控机制综合组印发《关于对新型冠状病毒感染实施"乙类乙管"的总体方案》。根据方案，2023 年 1 月 8 日起，对新冠病毒感染实施"乙类乙管"。这意味着经济社会生产生活秩序逐步回归正轨，日常出行、长途、短途

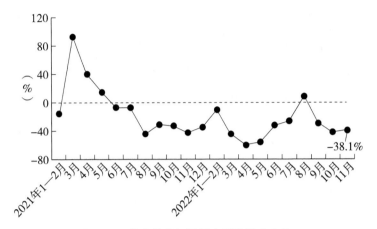

图1-2　营业性客运量月度同比增速变化

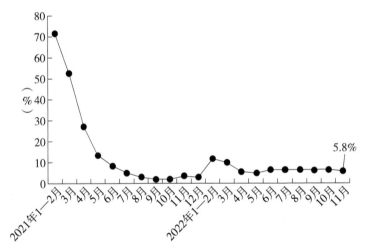

图1-3　交通固定资产投资累计同比增速变化

旅行将不受疫情防控影响，在2023年1月1日，国民出行旅游度假便迎来了疫情以来的第一个小高峰。因此，我国的铁路客运量逐渐回暖，稳步增长，铁路运营的需求会持续增加。

1.3　动车所建设重要性分析

动车作为现代化快速交通工具的代表，深受各国政府和人民的青睐。然而，动车的运营并不能离开动车所的支持，这使动车所的建设变得非常重要，并需要得到充分重视。除此之外，若能达到自身运营收支平衡，此类动车所则能为地方铁路运营减轻负担。下面对动车所建设的重要性进行分析。

第一，动车所是动车运营管理的重要基地。动车所的主要功能是检修动车，并进行保养和维护。动车运行到一定千米数时就必须进行检查，动车的修理、日常维护和保养清洗工作都在动车所内进行。动车所设置在运营动车组所属的铁路段附近，有专用铁路支线连接铁路主线，服务于客运专线列车，并实现了动车组高度信息化管理，满足了动车组的一、二级检修，动车组临修，客运整备以及存车的需求。例如，动车每完成一次行程后，都需要驶入动车所进行检修，确保其可以顺利地执行下一次任务。没有高效率运转的动车所作为支持，动车将很难提供优质的服务。

第二，动车所的建设在提高运输效率方面有重要作用。一个健全的动车所，能够合理划分和策划动车的运输任务，使列车在最佳的路线和合理的时间段运行，大幅提升运输效率和乘客满意度。

第三，动车所是实现科技创新的主要阵地。在动车所可以应用和试验最新的科学技术以及动车产品，如舒适度改进、降噪系统升级以及节能技术等。这些探索与实践，既有助于提高动车运营的质量和效率，也为科学技术进步做出了贡献。

总的来说，动车所建设的重要性不可忽视，它是铁路运营的关键，动车组白天上线运行，晚上回动车所清污、加水或保养维修，是动车夜间返回后的"休整之地"。因动车组和传统列车在机车构造和车体零件等方面有很大不同，所以要配置动车所来专门负责动车组列车的检修调试和保养维护工作，以保证动车组日常的安全运营和高效运输。因此，作为高铁的配套设施建筑，为了保证高铁的持久运营和维护，动车所的同步建设极为重要，而且还影响着高铁的发展方向和国民经济的进步。同时，自身运营收支平衡的动车所，能为地方铁路运营减轻负担。因此，动车所对高铁项目的正常运营至关重要。

第2章

动车所运营管理模式概况

城镇化进程的不断推进和人口集聚效应的不断增强，区域一体化发展进入新的阶段，舒适高效的铁路交通体系是促进区域一体化发展的有效途径。随着我国高速铁路建设技术日趋成熟，必然会推动更多铁路网络的形成，而铁路交通网络的扩大也势必会提高对动车安全性能的要求，进而动车所的作用也更加重要。

我国早期的轨道交通建设是在计划经济体制下进行的，那时的设施均由国家计划投资，并由政府以集中式的方式进行统一管理。改革开放以后，我国的轨道交通建设管理体制也进行了相应的改革，从原来"建管合一"模式逐步向"建管分离"的模式转变。

我国轨道交通建设相较其他国家起步较晚，近些年发展速度和规模逐渐上升，但目前的研究多集中于铁路线路的投融资模式、盈利模式等方面，针对动车所的运营模式研究较少。且我国轨道交通 PPP（政府和社会资本合作）项目的运营模式研究的整体数量仍然较少，杭温铁路作为铁路投融资改革的 PPP 示范项目，是一条采用 BOOT（建设—拥有—运营—移交）模式引入社会资本投资的高铁，基本无先例可循。其中杭温高铁的融资方式与动车的出资方式也不一致，并非完全意义上的 PPP 项目，因此，本书基于国外学者在其他领域的开拓性研究，参考了其他国家以及我国高速铁路、收费公路等其他项目的运营模式，借鉴相关 PPP 高铁建设项目的运营管理模式，研究杭温高铁动车所的运营方式。

梁青认为影响运营模式选择的因素包括融资能力、项目条件、网络特征、政府政策环境和未来发展等诸多核心因素，并采用案例分析来验证模型，得出委托经营模式是适合现阶段的模式。张京波以河北省城际铁路为例，分析了独立运营、联合运营的优缺点，探讨运营模式选择的依据。他认为，目前委托北京铁路局管理的京津城际铁路运营管理模式值得借鉴。刘跃对于独立经营、委托经营、合作经营、租赁经营 4 种经营管理模式的优点、劣势均进行了详细阐述，并以京唐城际铁路为例，得到委托经营模式是该项目最佳的运营模式的结论。吴锋等采用层次分析法构建了动车所运营模式选择模型，分析自管自营、委托运输、委托运营 3 种模式，并通过济青高铁的案例分析，表明委托运输模式对线路能力利用和效益最大化最有利。

张爽针对项目公司应该如何选择运营管理模式进行了论述，提出目前运营管理中存在的挑战、运营模式选择的原则，并针对项目公司独立运营、反委托投资公司、共同投资成立运营公司 3 种模式的优缺点进行逐一分析。杨建明等将轨道交通运营分为运营初期、盈亏平衡期、具有绝对竞争优势时期，在运营初期，政府的财政补贴对于企业可持续发展具有重要意义，政府需要充分发挥主导和扶持作用。

2.1 无偿移交模式

无偿移交模式主要指在中国国家铁路集团有限公司（以下简称"国铁集团"）管理使用的前提下，企业把自有设施与设备等相关的资产移交给国铁集团，同时，由国铁集团进行运营使用并负责维修的一种模式。在无偿移交模式下，国铁集团和企业可以达到互利共赢的状态。而且，企业在该模式下可以无偿进行线路规模扩张，同时实现区间运费收益；企业既省去了后续过程中的大量维修费用，又可以实现铁路区间按干线收费的低物流成本。

在杭温高铁项目中，杭州市与温州市将温州南动车所无偿移交给国铁集团进行运营管理，在转让给国铁集团后，由国铁集团对动车所的运营、维护负责。

连云港港是使用铁路资产移交模式的典型范例。2011 年 12 月 1 日起，连云港港与上海铁路局达成协议，把约 2716 万元港铁资产的连云港东站（含）到墟沟北站（不含，类似大窑湾一分区）（站外 3.8km 线路以及站内外全部电网、通信等）无偿移交给上海铁路局，同时，还一次性补偿了 2610 万元（包含 610 万元的设备补强款）。从资产移交之日起，墟沟北站成为国铁集团的货运营业站，双方在墟沟北站办理交接，在规定的区域内（指电网覆盖的九条站线），国铁集团组织始发终到列车，以连云港方为主，国铁集团方为辅。之后，相关资产设备的维护和维修等工作以及相关费用均由上海铁路局自行承担。

无偿移交模式具有以下优缺点。

优点：①国铁集团全权负责移交的动车所线路与设施的运营监管，温州市及浙江省交通集团不需要承担任何相关的安全风险；②无偿资产的升级改造以及维护维修费用不需要温州市及浙江省交通集团承担；③综合物流成本特别低。

缺点：①巨额投资不会产生直接收益；②由于区间资产权属发生变化，所以温州市及浙江省交通集团一方对于区间专用线接轨的控制权会有所降低；③关于无偿移交，需要请示上级政府部门并获得批准，该过程较为复杂且手续较为烦琐；④可能在国铁集团接纳方面会存在比较大的困难。

2.2　委托运营模式

委托运营是指受托人与委托人之间以共同商讨后签订的合同为基础，对委托人所委托的对象进行管理、运营的一种行为。企业之间的委托运营具有以下 3 个特点：第一，委托和受托方要在尽可能公平的原则下签订委托契约；第二，受托方可在保证委托方利益的前提下管理和处置委托资产；第三，受托方的资产与委托资产之间不能有任何关联。委托运营出现的原因，一方面是因为生产力的发展使得社会分工进一步细化，资产的所有者由于自身知识、能力和精力的原因，无法行使其所持有的权利；另一方面专业化的分工促使产生了一大批具有专业知识的代理人，他们有精力、有能力代理行使好被委托的权利。委托运营模式就是这样一种基于委托运营概念的资产管理模式，是指委托方即资产所有者将自己所有的资产委托给他人运营，资产所有者依照委托合同的约定取得相应的收益，同时按照合同付给受托方委管费用。随着社会的发展，委托—代理关系不仅出现在经济领域，同时也出现在社会领域。

动车所委托运营，指由投资主体成立的项目公司设置车、机、工、电、车辆等完整的运输专业部门、设备设施，独立承担城际铁路的运输生产经营任务，全面负责管辖范围内的一切铁路运输运营业务。自管自营模式下，项目公司拥有资产所有权、运输管理权和运营管理权，自负盈亏。条件受限时，可根据实际情况，项目公司负责运营管理、客货运组织和调度指挥，将部分设施、设备养护、维修等外委。

在具体划分上，委托运营的模式可分为以下 3 类。

整体委托模式：动车所建设投资公司委托铁路局承担全部动车所项目运营板块的业务，包括调度、客运、票务、乘务、维保及备件采购等；铁路局保留票款收入并通过商业开发获得非票务收入。此外，基于线路客流、票价体系和商业价值，综合评估预测项目的运营盈亏状况，还可进一步考虑由运营商支付动车所建设投资公司线路承包费用，或由动车所建设投资公司支付运营商委托运营补贴。

专业分包模式：动车所建设投资公司委托铁路局依照合同中所规定的分包专业的业务范围提供服务，并根据分包专业经营成本核算结果来支付委托费用。业务范围可涵盖全部运营板块，也可只包括调度、客运及车辆维保等部分运营板块。委托费用包括人力成本、材料成本、技术成本、管理成本等，以及运营商应获得的合理利润，通常同票款及其他收入来源无关。

团队外委模式：动车所建设投资公司自行组建运营核心管理层，并与铁路局签订团队派遣合同，由铁路局根据动车所建设投资公司实际需求进行人才招聘、选拔、培训、组建团队，并负责薪酬发放、代办社保、职称评审等一系列人事工作。该模式下，动车所建设投资公司能在迅速配置标准化运营团队的同时，得到铁路局成熟的规章制度、管理机制、技术方案等隐性价值。

委托运营模式具有以下优缺点。

优点：①项目公司仅承担资产管理责任；②城际铁路纳入国家铁路网统一调度指挥，充分利用既有工务、车辆等设施设备以及铁路局集团有限公司的专业管理队伍，有利于路网资源优化配置，节约投资；③有利于城际铁路与外部铁路之间开行跨线车。

　　缺点：①委托运输代理关系不匹配。根据委托—代理理论，如果说公司制度是以产权为基石的，那也可以说是由市场经济决定了绝大部分的委托方与受托方之间的代理关系。从古至今，股东投资的目的就是获取最大的利润，同时也需要能够随时抽身，而不是被一种投资方式"卡死"，所以股东对于其代理人运营情况以及能否掌控其代理人非常重视。正因如此，股东和其代理人之间可以产生多种自由组合，当然，双方关系均会以市场合约的形式确定下来。而多种组合会不停地随着市场的变化而调整。②动车所运营缺少市场竞争环节。受托方仅仅只能被动接受委托工作，加上运输收入不归其所有，每年只有一笔委托费用，难以引起受托方增运增收的积极性。③基本资产报酬率不好确定。除了成本效益不理想的问题之外，动车所建设投资公司和受托铁路局之间还存在着基本资产报酬率不好确定的问题。所谓的资产报酬率就是指资产利用率的高低，这个指标越高，说明资产利润率越大，其所带来的利润也就越大，反之则越小。作为资产的所有人，公司自然希望自己的资产所带来的是较高的报酬率，至少也要达到收支平衡。但目前的情况却是资产总额过于庞大，这就使基本资产报酬率的分母过大，而初期动车所运营能获得的收入毕竟有限，因此基本报酬率的分子需要很长一段时间才能有所增加，而这个分子究竟会在何时以何种程度增加却是任何人都无法估计到的。④委托管理交易成本逐渐提高。所谓交易成本，主要是指交易费用，包括传播信息、广告、与市场有关的运输以及谈判、协商、签约和合约执行的监督等方面活动所花费的成本。就按目前的情况来看，动车所建设投资公司不单要支付日常所需的生产经营费用，还随时会因为运输市场中出现的不确定情况支付额外的费用，与此同时，动车所建设投资公司每年还要向银行支付高额的贷款本金和利息，这一切使该公司的成本压力巨大。不仅如此，受托方因为不与动车所建设投资公司共同承担企业风险，因此双方容易产生一定的分歧，更甚者会利用双方接收信息不及时、不对等的情况对高铁公司提供不真实的委托经营情况，从而使动车所建设投资公司承担不必要的损失。⑤委托运营模式与生俱来的缺陷。委托运营模式从一诞生就决定了委托方对自己所委托出去的资产基本上没有运营管理的权利。结合铁路系统来看，动车所建设投资公司要将与该线路相关的包括由铁路行业衍生出来的业务全部交给受托铁路局打理。而纵观其他类似项目签订的协议中，更有甚者还要向受托铁路局提供运输机车，因此动车所机车的使用和计划都控制在受托铁路局的手中，不能自我调节，更谈不上针对市场反应及时进行变化。更会因为动车所建设投资公司与受托铁路局之间有着如此复杂的合同关系，双方极有可能存在信息不对称，从而对动车所建设投资公司自身利益和地方投资者的利益分配产生不好的影响。

2.3　地方独立运营模式

地方独立运营模式是指出资方在一定的期限内将动车所交给地方进行独立运营，即采用 BOOT（建设—拥有—运营—移交）模式运营。这种模式在传统项目上是政府和私人投资者签订特许权协议，由私人投资者投资建设轨道交通，建成后在特许经营期限内由私人投资者经营，经营所得作为私人投资者的投资回报（见图 2-1）。地方独立运营模式在基础设施的建设领域已广泛应用，其运营管理模式多样，如建设—运营—移交（BOT）、建设—拥有—运营—移交（BOOT）、建设—拥有—运营（BOO）、改建—运营—移交（ROT）等模式。在实践中，地方独立运营模式的选择可根据项目收费情况，结合政府和社会资本合作项目范围来确定，最长不得超过 30 年。但在杭温高铁项目中由于浙江省交通集团和温州市都属于非私人营利性组织、非个人代表，所以在这种模式下对于产权的拥有时间需要经过双方的商议协定。

地方独立运营模式具有以下优缺点。

优点：①降低省政府的财政负担，省政府可以避免大量的项目风险；②组织机构简单，政府部门和私人企业容易协调；③有利于提高项目的运作效率；④地方政府对动车所的控制权加强，有利于地方政府根据地方实际运

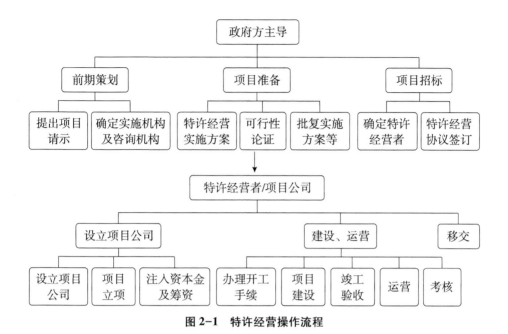

图 2-1　特许经营操作流程

营情况对动车所进行管控。

　　缺点：①交通集团和政府往往都需要经过一个长期的调查了解；②参与项目各方存在某些利益冲突，对融资造成障碍；③机制不灵活，降低引进先进技术和管理经验的积极性；④在特许期内，交通集团对项目控制权减弱甚至失去控制权。

2.4　公司回购模式

　　公司回购模式是指出资方联合公司对动车所进行回购，交付后由公司对动车所进行运营管理。在接管动车所后由公司自行招兵买马，成立直接管理的动车所管理公司，负责动车所日常运营和管理，对动车组列车进行检查、测试、维修和养护等作业。该模式下动车所管理公司按不同职位设置相应负责人和业务部门单位，独立行使运输管理权和经营管理权。

　　动车所若采用公司回购模式，则联合公司需要按照轨道交通运营管理公司的方式成立动车所相关专业部门，并接受司法部门的常规检查。

公司回购模式具有以下优缺点。

优点：①联合公司可以自主制定资产调配经营战略，分工明确、权责分明的管理制度，以及考核机制和激励机制，有利于强化企业内部组织管理；②能更好地兼顾投资和建设主体的利益，成本控制力较强，实现增收节支；③有利于引入市场竞争机制合理制定运价，促进市场营销，提高运输收入；④地方政府可以将线路经营收益集中起来以加快其他基础设施建设。

缺点：①特殊情况下可能会造成收益低，成本畸高。国铁集团不承担经营责任，由联合公司独立负责核算、承担债务和经营亏损，以及解决流动资金借款。②当动车所并入国家干线铁路运输网络时，调度协调与财政清算的难度较大。

2.5 "站城融合"模式

"站城融合"这一词的正式出现是在 2016 年国务院批准的《中长期铁路网规划》中。该规划提到，我国应打造一体化的综合交通枢纽。与其他交通方式高效衔接，形成系统配套、一体便捷、"站城融合"的铁路枢纽，实现客运换乘"零距离"、物流衔接"无缝化"、运输服务"一体化"。

"站城融合"是指通过规划、建设、运营的协调，铁路客站与周边区域实现交通功能与城市功能高效整合、管理运营协调统一、空间肌理有机联系，将铁路站点和城市开发紧密结合，实现城市和交通设施的有机融合。这种模式下，铁路地产和城市空间可以共享资源，提高利用效率，实现更高的经济、社会和环保效益，以更好地发挥铁路建设与城市发展的联动效应。

"站城融合"模式是铁路交通与城市发展充分结合的产物。它突破了传统的视野，把城市和铁路站点有机地结合起来，不仅能够提高土地利用效率，还能够实现城市和交通设施的和谐共生。

"站城融合"模式具有以下优缺点。

优点：①可以使城市和铁路地产共享资源，提升土地利用效率。②促进经济发展。通过站点广场开发、地下空间开发以及周围区域开发，都可以带动城市经济发展和产值增长。③提升城市形象和地位。充分挖掘和利用铁路特色，不仅能够提升城市形象，而且能够提升城市地位。④改善城市交通。采用"站城融合"模式可以提升交通效率，减少交通拥堵，提升城市的通行效率。

缺点：①可能对历史文化遗产产生不良影响。如果处理不当，"站城融合"模式可能会对城市的历史文化遗产造成影响，甚至可能会破坏文化遗产。②对环境产生不良影响。尽管"站城融合"模式强调绿色开发，但如果处理不当，也可能会对环境产生一定的影响。③需要较大的资金投入。"站城融合"模式需要进行大规模的建设和开发，需要较大的资金投入。④规划难度较大。"站城融合"模式需要进行全方位、多层次的规划，规划难度较大。

2.5.1　以杭州西上盖开发"站城融合"模式为例

自 2013 年铁路体制改革以来，国务院和国家部委先后发布了一系列文件，为国铁集团加快铁路建设、开展以铁路土地综合开发为主的资产经营开发提供了政策支持。国家对于铁路建设实施土地综合开发给出了明确意见，支持盘活存量铁路用地，支持对新建铁路站场实施综合开发，要求各地方政府和相关部委做好配套工作，健全相关工作的推进机制。各地方政府也逐步出台落实国家政策的配套文件，明确给予铁路土地综合开发在用地、规划、融资等方面的具体支持。国家对于铁路综合开发用地的支持力度远大于一般的存量建设用地，为铁路土地综合开发解决了一些关键问题，破除了综合开发长期以来受限于划拨用地使用权的障碍。

作为全国铁路建设运营的责任主体，国铁集团对于铁路土地综合开发进行持续深化。加快推进管理体制、投融资体制改革，从机构设置、制度建设、运行机制等方面统筹安排，建立健全了土地综合开发组织管理体系，国铁集团相继发布了《铁路土地综合开发实施办法》《中国铁路总公司关于进一步明确土地综合开发有关事项的通知》《中国铁路总公司关于铁路土地合资合作开发的指导意见》等文件，出台了土地综合开发资金使用、股东借款等支持政策，形成"统一管理、分级负责、集体审议、协作联动"的工作机制。加快推进站区土地综合开发机会研究和供地谈判，对于新建铁路项目获取综合开发用地做了大量的前期工作。2020 年国铁集团累计完成 126 个新建铁路项目综合开发研究，提出用地需求 236.001 km^2，签订用地框架协议 190.001 km^2，确定四至范围 85.334 km^2，纳入国土空间规划 30.001 km^2。各铁路局集团公司建立开发项目库，加快推动站区土地综合开发项目实施，一批铁路枢纽 TOD 项目得到推进。2020 年 6 月虎门高铁站核心区 TOD 项目，已经完成竞标，预计开发品质居住、精英公寓、高端商务、总部办公、五星酒店；2020 年 8 月杭州艮山门动车所上盖项目，已经上报开发方案，预计开发住宅、幼儿园、物业、商业、办公以及配套公建和停车场；2020 年 9 月广州白云站上盖项目，纳入广州市铁路枢纽建设规划，含物业（16000 m^2）和配套停车场（26000 m^2）；2021 年 5 月杭州西站高铁站台雨棚上盖商业项目，用地竞标成功，预计建设特色酒店、总部办公。

总体来说，我国铁路站区 TOD（以公共交通为导向的开发模式）项目进展缓慢。我国内地约有 2200 座办理旅客乘降业务的铁路客运站（不包括乘降所），可供开发的站区资源十分丰富。2020 年国务院提出，加大市域（郊）铁路沿线和站点及周边土地综合开发强度，合理确定综合开发规模和实施方案，统筹地上地下空间复合利用，积极推广地下空间开发、轨道交通上盖物业综合开发等节约用地的技术和模式，打造站城融合综合体。政策导向和发展目标十分明确。

值得一提的是，杭州西动车所上盖工程是全国第一个动车所基础上的"天空之城"。

2022 年 9 月 22 日，随着浙江交通集团控股投资建设的合杭高铁湖杭段建成通车，与之配套的杭州西动车所也正式投运。这是全国首个进行上盖开发的高铁动车所，主要用于杭州西站始发动车组及杭州枢纽内动车组的检修存放。杭州西动车所位于杭州西站西北方向约 4 km 处，是湖杭铁路的重要配套工程之一，是目前浙江省内规模最大的动车所，也是"轨道上的长三角"铁路网的重要组成部分。杭州西动车所规模为检查库线 6 条、存车线 28 条、人工洗车线 4 条，并远期预留检查库线 6 条、存车线 32 条。作为全国首个动车所上盖项目，将实现综合交通枢纽与城市片区融合式发展。杭州西动车所项目总用地面积约 1472 亩（0.9813 km²），盖板区域约 1111 亩（0.7407 km²），总投资约 74 亿元，拟分两期实施，其中一期盖板覆盖用地约 710 亩（0.4733 km²）与杭州西动车所湖杭场同步实施，二期盖板覆盖用地约 401 亩（0.2673 km²）与远期铁路工程一起实施。此次封顶的动车所盖板覆盖湖杭场存车区 28 线，检查库 12 线（含远期预留 6 线），镟轮临修线 3 条及咽喉区，投资约 38 亿元。中铁建设和中铁四局项目部在安全、质量有效可控的前提下，加快施工进度，确保节点工期目标的顺利实现。项目部紧紧围绕浙江交通集团湖杭铁路公司开展"多彩湖杭 共建共享"浙江重点工程。

杭州西动车所与杭州西站同步建成。从空中俯瞰，杭州西动车所如同一艘巨大的"在建航母"停泊在高铁沿线上。

杭州西动车所是一个上盖开发项目建设。形象地说，就是杭州西动车所拥有一个盖子，而盖子上方将开发一系列的综合项目。将来，动车所上方将形成一座宛如"天空之城"的城市综合体。

杭州西动车所由国铁集团、浙江交通集团和地方政府共同开发建设，是全国首例高铁上盖开发项目，是统筹铁路站场与城市发展、优化站场和周边地区用地布局的全新尝试。"如果只是单独开发两个盖板，双铁中间的空白地带就像一个 40 m 宽的盆地，空间浪费了，所以对双铁统筹开发，既能集约用地，又能让盖上开发的体系更加完善。"浙江交通集团湖杭铁路建设指挥部相关负责人介绍。

根据规划，杭州西动车所盖板之上将打造一个大型居住社区，集住宅楼盘、学校、公园绿地等配套设施于一体，规划住宅建筑面积约 1.19 km²，可居住 3.42 万人。其首层盖板处于地上 10 m 位置，未来将是停车库的地板，相当于常规的"地下车库"。走上首层盖板，最吸引人的是一根根 2 m×2 m 的巨大承重柱，高强度钢筋与盖板下面的地基承载桩相连，后期将作为平台承重使用。在设计之初，工程师已经计算好了平台上大楼的重量，并充分考虑地震、超强台风等特殊情况下承重柱抗拉、压、弯、扭、剪 5 种力的综合受力，足以保证动车所与上盖开发的安全。

停车库之上还有盖板，它是一个约 16 m 高的上盖开发平台，并于平台上覆土约 2 m，布置绿化景观。这块盖板非常特别，由钢筋混凝土+夹层+覆土组成。多重结构材料工程工艺，不仅保证了盖板整体的安全与稳定，而且工作生活在盖板之上的市民也不会感受到动车所的噪声。

不仅如此，工程还考虑到杭州的台风和降雨季，设计了两套排水系统。动车所与后期上盖物业开发相互独立，结合项目西侧的苕溪，有效发挥排涝泄洪的作用。值得一提的是，杭州西动车所与机场快线苕溪站、地铁仓前车辆段两两相望，相距仅 400 m。今后，还与地铁仓前车辆段上盖共同组成国内首个双铁联动、轨道交通快线引领的城市综合体集群。周边将形成一个范围约 7 km^2，实现交通枢纽与办公、商业、文化、教育等功能的"混合用途"综合体，并植入未来社区理念，成为具有示范引领作用的未来社区样板，实现综合交通枢纽与城市片区融合式发展。

杭州西动车所落成之前，杭州只有一所建造于 2007 年的艮山门动车所。该所位于杭州文晖大桥下，设置库检线 6 条，存车线 23 条，自动洗车线 2 条，人工洗车线 1 条，镟轮线 1 条，负责高铁、动车停靠、检修和清洗、养护。

随着高铁网络的快速延展，杭州逐步成为长三角重要的铁路枢纽城市，沪杭、杭长、宁杭、杭甬、杭黄、商合杭等多条高速铁路在此衔接，既有的艮山门动车所检修能力已经不能满足现有运营需求。根据测算，上盖物业开发的建设投资（不含贷款利息）为 787686 万元，总销售收入为 1304930 万元，净利润 149902 万元，资本金税后财务内部收益率为 19.68%。

为此，浙江省内的动车所杭州西动车所应运而生。动车所呈南北两极两场纵列式布置，总建筑面积达 259948 m^2，满足了杭州西站开行始发动车组列车的需要，极大地缓解了城市动车组存放和检修能力的压力，大大增加了杭州的高铁始发班次，由此对省内乃至全国形成交通辐射，对提升长三角区域的铁路枢纽运行能力和枢纽地位有着至关重要的作用。

2.5.2 多主体博弈视角下的高铁站或动车所土地综合开发模式深入研究

"站城融合"模式的发展在很大程度上受限于高铁站区的土地综合开发权限，并且受制于地方政府、铁路企业、市场主体的相互牵制关系。因此站在多主体的角度下，本部分对高铁站或动车所的"站城融合"模式土地综合开发办法进行深入研究。

1. 高铁站区或动车所土地综合开发面临的难题

高铁站区土地综合开发是指在以《关于支持铁路建设实施土地综合开发的意见》（国办发〔2014〕37 号）为代表的国家铁路投融资体制改革等政策指导下，铁路投资主体及其关联方联合社会资本方，充分发挥各自优势，按照"站城融合、交通综合、功能复合、生态结合、智能统合"的理念，推动铁路建设和城市建设融合发展，提高土地利用效益，带动沿线经济社会发展，并以开发收益补贴铁路建设和运营。自国家出台深化铁路投融资改革政策以来，铁路公司通过与地方政府签订综合开发框架协议推动高铁站区土地综合开发的阻力仍然很大，站区土地开发四至范围划定仍然很难，且高铁站区土地综合开发项目无法及时在地方城市规划中落实。当前，高铁站区土地综合开发主要面临以下难题。

如何明确界定铁路公司在高铁建设前期投入中所带来的外部效益。高铁站区土地综合开发需要参与主体多方协调、共同合作，其核心利益相关者，即政府主体、铁路主体和市场主体之间的合作状况对项目成败有直接的、重要的影响。要实现高铁站区土地综合开发目标，需要根据高铁站区土地综合开发的土地价值增值来源与土地综合开发的收益预期，建立多主体利益分配协调机制，参与主体之间要达成广泛的共识。为此，首先要解决的问题就是如何明确界定铁路公司在高铁建设前期投入中所带来的外部效益。在高铁站区土地综合开发过程中，明确界定铁路主体在高铁建设前期的投入所带来的外部效益，是建立多主体利益分配协调机制，实现高铁站区土地综合开发目标需要解决的首要问题。

铁路主体投资先于高铁站区土地综合开发，且铁路主体开展的高铁建设可能极大地提升高铁站区周边土地综合开发价值。铁路建设资金来源主要包括中央预算内投资、铁路建设基金、铁路建设债券以及专项建设基金。随着高铁站点建成通车，站区土地价值会逐渐增值，其主要增值来源包括交通区位条件改善带来的土地价值增值，基础设施投入带来的土地价值增值。但由于高铁建设与高铁站区土地综合开发时间上的错位，铁路公司前期的铁路建设投资，往往并未在高铁站区土地综合开发阶段获得相应回报。高铁建设无疑会给沿线地区特别是站点地区带来可观的外部效益，但是，如何使这部分外部效益给铁路建设再融资带来应有的便利，这是通过站区土地综合开发应解决的问题。

除此之外，当前高铁站点的选址一般远离城市中心区，区域呈现以下特点：人口特征上，站区周边人口密度较低；土地利用特征上，不同于城区中心区域，建设用地集中、开发成熟，高铁站区周边城市化水平较低，以非建设用地为主，土地开发程度较低；交通特征上，由于处于都市边缘区，公共交通体系不发达；产业发展特征上，产业基础都较为薄弱，经济发展水平较低。同时，由于城市建设用地、乡村建设用地复杂交错，导致用地布局呈现一定的碎片化特征。

高铁站区远离城市中心、开发基础薄弱，因此，如何因地制宜、因城施策，兼顾好各方利益是站区土地开发必须解决的重要问题。

要解决以上问题，实现高铁站区土地综合开发、推进"站城融合"，关键是要通过建立有效的开发模式，建立互利共赢的利益分配机制，为此，需要处理好相关开发主体的利益关系。如前所述，各开发主体在总体利益一致基础上都有各自的利益追求，开发主体间存在着利益博弈关系，建立有效的开发模式，必须对站区开发利益相关者之间的利益博弈关系有全面的把握和认识。

2. 中央政府、地方政府与铁路企业之间的博弈

为了促进经济增长、保持社会稳定，中央政府将根据高铁项目建设的必要性批复高铁项目、审定高铁线路的开工计划，这是高铁站区土地综合开发的先决条件。在中央政府批复高铁项目的前提下，为了促进高铁线路与站区的建设，地方政府将匹配相应的铁路站场用地与相关经营性用地。其中，经营性用地的规模、位置、拟定的出让价格、是否将经营性用地空间及时纳入当地国土空间规划等内容，是中央政府、地方政府与铁路企业之间博弈的主要内容。

中央政府、地方政府和铁路企业之间的具体开发目标和利益追求都存在差异。中央政府的土地政策目标是多重的，主要目标是在保证粮食安全基础上增加建设用地、维护社会稳定、保证经济稳定增长和产业持续发展。地方政府的土地政策目标：第一，带动经济增长，带来良好政绩。基于政绩的考虑，地方政府会扩大建设用地面积以实现经济增长。第二，实现财政增长。地方政府希望通过土地流转增加其财政收入，以扩大地方融资规模，特别是对于工业发展相对薄弱、融资规模较小的地区，土地收益是地方政府财政收入的唯一来源。因此，地方政府希望扩大建设用地，中央政府则要控制建设用地规模，提高土地利用效益。

铁路企业则要求通过盘活铁路用地资产，并采用更多方式筹集建设资金，扩大投资规模，增加企业利润。铁路企业是高铁线路建设投资主体，而地方政府是高铁站区土地利用开发的土地所有权权属主体，虽然两者在长期建设目标上是一致的，但在短期收益目标上存在较大差异，对于高铁站区土地使用权出让的收益归属问题是政府与企业博弈的焦点。

3. 铁路企业与市场主体的博弈

铁路企业在获得高铁站区及其周边土地综合开发权后，原则上可以选择自主开发或与市场中的相关开发主体合作开发。如果地方政府对高铁站区及其周边土地综合开发项目进行投资，那么，此时地方政府与市场开发主体具有同等地位。铁路企业和市场主体在站区及其周边土地的综合开发过程中都追求自身利益最大化，两者一般采取联合开发形式，通过协议或契约确定利益分配，获得自身合理利益。

铁路主体与市场主体之间的利益博弈主要集中于高铁站区土地综合开发后物业收益的分配。表面上看，铁路主体与市场主体的收益是此消彼长的，但实质上两者的具体开发项目有所不同、各有侧重。铁路主体擅长开发与铁路运营密切相关的建设项目，如高铁物流，而市场主体则擅长开发与运营各种具体类型产品相关的建设项目，如协同城市土地开发，推进"站城融合"项目等。因此，从根本上说，要处理好两者之间的博弈关系，应该立足长远，优势互补，密切合作，互利共赢，将高铁站区土地开发利用的"蛋糕"做大。

4. 因地制宜构建动车所或高铁站区土地综合开发模式

基于上述分析，高铁站区土地综合开发应"分类管理、一站一策"，根据站区功能定位确定开发类型并兼顾各方利益，因地制宜地构建高铁站区土地综合开发模式。

受城市经济发展水平、人口密度等因素影响，不同规模的城市对站区土地综合开发的需求不同，总体上说，大型城市希望高铁规划与片区土地开发能够符合城市发展规划，不能因高铁建设而影响城市发展布局与节奏；而中小型城市则更多地把高铁建设看作拉动城市经济发展的重要途径，希望围绕高铁规划建设改变城市发展方向与重心，力图通过站区土地综合开发打造城市副中心，甚至建设城市核心发展区域。因此，应根据站区城市不同状况，确定不同开发类型，建立不同开发模式。

在大型城市，地方政府主导作用明显，在多主体博弈中处于强势地位。在高铁线路规划中，大型城市会通盘考虑城市发展需要与产业定位需求，能够利用规划手段引导高铁片区的发展。政府主导，统一规划、统筹开发，以增强铁路站场和周边地区的承载能力、服务功能。受城市体量影响，高铁站区周边土地增值空间大，地方政府有条件利用城市能级优势，通过规划引导站区土地开发并实现土地财政收入。因此，城市综合体高铁枢纽型站区土地开发模式的主要特征：地方政府主导，统一规划开发用地；其他主体通过拍地方式参与竞争站区周边土地开发权；铁路公司通过与市场主体捆绑，利用市场主体的技术优势、资金优势与地方政府合作，参与站区开发。铁路公司虽然是高铁建设主体，但无法单独进行站区土地开发，在多主体博弈中处于弱势，因而只能与市场主体捆绑。而市场主体面临较大的竞争压力，也希望与铁路主体进行合作，形成利益共同体，共同参与站区土地开发。

当今社会正在经历深刻的发展变革，铁路建设运营所驱动的资源和价值不断提升，社会、公众和城市管理者对铁路站区同时兼顾交通功能、商业功能、城市开发功能的要求也越来越高。加快推动铁路站区综合开发，既是实现铁路建设可持续发展的需要，也是促进铁路与城市融合发展、良性互动的有效途径。铁路企业要凝心聚力、突破创新，加强对铁路资产资源的空间利用，使铁路客站在提供更好的运输服务的同时，也可以获取更大的投资收益。这样的设计增加了动车所的收入，在一定程度上降低了其建造成本，为动车所的独立运营提供了借鉴参考意义。

2.6　其他模式

2.6.1　承包经营

承包经营是对部分主要业务进行承包，承包人通过承包业务，以获取一定承包费用为目的，与委托的根本区别在于委托者参与经营项目经营成果的分配，承包经营无权参与经营成果分配。

若动车所采用承包经营，承包单位虽然同样可以完成日常检查维修业务，但是承包经营方式随时会使承包单位处于经营的被动局面，可能降低承包单位资源利用效率。由于承包单位设备资源相对落后，承包单位可能避免使用设备而提高承包费用，造成闲置和浪费。同时承包经营具有短期化行为特征，承包经营期满，若不继续承包，承包单位难以继续经营；若继续承包，承包人可能抬高承包费用，让发包方陷于被动局面，不能充分发挥路网的资源优势。所以不宜采用承包经营形式。

2.6.2 租赁经营模式

这种方式下产权还是归出资方和地方政府所有，但以租赁的方式借给运营公司，根据合同（或协议），出资方和地方政府向运营管理公司收租赁费，作为投资回报。运营公司则通过强化内部管理，增加运营收入，降低运营支出，以期获得更大的收益，支付租赁费后的增收部分，归运营公司所有。这是"网运分离"的方案，它可以分散一部分投资风险，投资方可以从租赁费中获得较为稳定的回报。运营公司作为独立的市场主体，需要努力增加运营收入，以避免投资方经营亏损，实现企业增效。

第 3 章

动车所使用者付费模式研究

3.1　消耗型服务机构付费模式现状研究

动车所从其功能及定位来讲是消耗型服务机构，是为主线动车组提供具备始发车条件的服务性单位。消耗型服务机构主要指那些以提供消耗性服务为核心的机构或企业，其服务过程中伴随着资源或产品的消耗。在这个框架下，动车所通过对动车组设备的维护、修理以及零件更换，不仅延长了动车的使用寿命，而且直接提升了乘客的出行体验，间接地为乘客提供了更为舒适和安全的乘车环境。因此，可以认为动车所对动车组设备提供技术服务，同时也是为乘客提供间接的消耗性服务，故其符合消耗型服务机构的定义。此外，动车所作为检修基地，其一站式的服务特性进一步强化了其作为消耗型服务机构的属性。因此为探究动车所是否能实现自主收费运营，对消耗型服务机构中的一站式服务付费模式现状进行研究。

采用收集查阅文献及调研的形式，明确消耗型服务机构付费模式的研究现状，从整个服务型领域的研究现状出发，进而明确动车所付费模式研究现状。

一站式服务打破了传统技术交易市场中利益相关者原有的生态体系，是对技术交易产业链和服务链的一次重构，不仅需要先进技术手段、复合型专业人才和广泛的信息网络等外部支撑条件，更为重要的是需要构建一套与一站式服务生态系统相匹配的定价机制，来应对多主体互动导致的利益分配复杂性和收益模式多样化。合理的定价机制能直接影响交易量，保障服务机构的有效运营，是目前服务机构一站式服务经济新业态和新形态发展最为重要的核心要素。

目前一站式服务收费模式和定价的研究主要从两个方面展开：第一，基于一站式服务特征的定价机制研究。传统服务转型升级的过程中形成了一系列新的特征，如完整配套追踪信息服务、服务集成、主体多元以及上下联动等。这些新特征加剧了传统的组织结构和利益关系的复杂性，同时也是导致定价机制变化的根本原因。因此，部分学者尝试基于特征分析，构建适用于一站式服务的定价结构与策略。第二，基于双边市场的定价机制研究。因此，部分学者以交叉外部共性作为切入点，探讨了服务机构在交易中，不同交叉外部条件下的最优定价策略。合理的定价机制是服务机构持续健康发展的重要约束条件，而明确目标是制定合理定价机制的前提。为此，一些学者尝试以双边市场构建定价模型，探究服务机构收费机制与被服务目标之间的相互联系。

对技术交易一站式服务平台的市场特征进行分析，在原有"技术需求者—技术提供者"的双边市场基础上扩展了"技术交易者—第三方服务机构"的双边市场。这两个相互嵌套的双边市场表明技术交易一站式服务平台具备复合型双边市场特征。

服务机构收费标准的属性特征可分为盈利模式和建设模式。从平台盈利模式可知，当下平台的定价模式包括注册费、交易费、混合制收费、咨询费以及增值费。但随着技术交易一站服务平台的发展，平台为提高服务质量，将相关的咨询业务以及增值业务分包给平台上专业的第三方服务机构。重点考虑收取注册费、收取交易费以及混合制收费 3 种不同的平台定价模式。从平台建设模式可知，按照所有权或者建设主体差异，技术交易可分为政府主导建设和企业主导建设两大类。但随着我国市场化的发展，平台建设由政府主导模式向企业主导模式过渡，导致平台经营目标变迁——从社会福利最大化向利润最大化转变。在目标变迁过程中，平台如何调整定价策略以确保整个技术交易市场平稳便成为一个关键问题。

为了对模型做进一步分析，通过 MATLAB 数值仿真找出用户数量变化对技术交易一站式服务平台利润变化的敏感度，以此找出影响平台利润最大化的因素，结合定价模式调节该因素，从而实现平台利润最大化。技术交易一站式服务平台利润三维图像和利润等高线如图 3-1 和图 3-2 所示。

对于企业来说，在机构发展初期规模较小且交易成本较高时，可采用混合制收费的定价模式以维持平台的持续发展；随着平台逐渐成长，用户规模

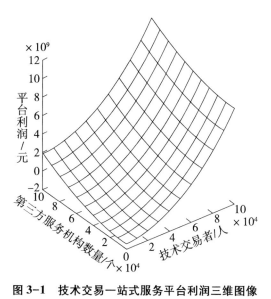

图 3-1　技术交易一站式服务平台利润三维图像

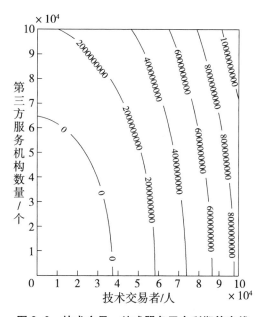

图 3-2　技术交易一站式服务平台利润等高线

扩大且匹配技术的不断完善，进而逐步过渡至交易收费的定价模式。

对政府来说，其目标社会福利与定价策略无关，需通过两种方式提高平台的社会福利。一是从外部提升，由于最优社会福利与机构用户数量呈正相关，政府可通过免税、奖励等补贴政策扩展用户基础；二是从内部提升，由于平台社会福利与交叉网络外部性系数以及平台技术匹配率等相关系数呈正相关，政府应加强技术交易服务机构成功范例的宣传工作，以提高平台用户间的相互吸引作用，同时政府部门应加强平台信息匹配能力和相关法律建设。

对技术交易服务市场来说，前期由政府引导，后期由企业主导。现阶段，我国技术交易服务机构正处于建设与转型阶段，发展并不成熟和完善，因此平台前期需以社会福利最大化为目标。政府投入大量的人力、物力和财力进行补贴，扩展用户基础，培养用户习惯，有利于促进技术交易平台的长期快速发展。后期随着平台和法律建设的不断完善与成熟，平台以利润最大化为目标制定价格策略驱动民营资本进入该领域，促进技术交易服务市场的繁荣发展。

3.2 动车所运营收费业务明细

动车段是铁路局直属生产站段，开通动车达到一定数量后设置的。动车所、转向架车间、高级修车间、乘务车间、质检车间、职教科、技术科、劳人科、安全科、保卫科、后勤科、工会、团委等负责全局动车组检修、使用、维护。

动车所为下级单位，主要由行办、检修班、专修班、客服班、探伤班、质检组、乘务队等机构组成，负责动车组日常一、二级检修和易耗品更换，运行故障处理。动车所的主要任务是对动车组列车进行检查、测试、维修和养护作业。

为了探明动车所运营收费业务明细，作者对某动车所进行采访、调研。

铁路运营亏损是目前大多数铁路项目面临的一个重要难题，尤其是地方出资建设的地方铁路项目，受制于铁路运营的模式、机制、技术等原因，运营补亏数额更为巨大，使地方政府财政压力剧增，尤其是为动车服务的动车所，受其功能定位（为动车的正常运营提供维护保养服务）的限制，没有直接的收益来源。为探寻地方出资建设的动车所营收，解决动车所较大数额运营委托费亏损，增强动车所自身造血能力，使动车所本身运营能够达到收支平衡，为地方铁路运营补亏减轻负担，开展本次调研。本调研意在了解动车所建设模式、运营主体、现状，动车所配属以及检修规模，详细调研动车所运营提供收费项目细则、作业方式、运行成本、收益组成部分。以此为依托，结合国家产业政策、区域经济规划，根据当地铁路输送规模分析温州南动车所建设的必要性。

本次调研的动车所呈纵列式布置，西端为检查库区，东端为存车区，建筑面积达 17000 m^2，形成独立基础构建。屋面采用钢边框保温隔热轻型板，墙体采用烧结砖砌筑，地面均为环氧树脂地面，库内设置检修线有效长度达 468 m。它隶属于当地动车段。该动车段主要承担当地铁路局 CRH 型动车组的一、二级检修，并部分承担所属地区其他路局动车组的三级检修工作。

该动车所共有 16 条检查列位、32 条台位、2 所检查库和 2 所临修库，其中临修及不落轮镟库为一体创新库。调试库仅存在于三级及以上的高级动车段内。动车所调度中心起着列车对接、车辆进出停放、根据维修计划对列车和工作人员进行配属安排、编制车辆、安排工位、规划工作时间、设计车辆进出时间的作用。在该动车所调度中心内，用物联网形式，采用智慧屏实时监测动车所各个车间和列位工作情况。从进入站场范围起，共有 58 条存车线，由 4 列位扩充至 8 列位，再扩建 8 列位。而后经过"咽喉区"到达维修线，共 33 条维修线在"咽喉部位"呈对称布置。

一级检修是对动车组的车顶、车下、车体两侧、车内和司机室等部位实施快速例行检查、试验和故障处理的检修作业，须在动车所检查库内实施，一般 4 人一组，两人在车上作业，两人在地沟作业。该动车所对动车组一级检修采用无电（可接外接电源）—有电作业模式。动车组一级检修时，短编（8 辆编组）由 1 个作业小组实施，长编（16 辆编组）由 2 个作业小组实施。备用动车组累计备用时间超过 48 h、检修动车组修竣后，上线运营前须进行一级检修。动车组一级检修原则上应在本所进行。确需入外所检修时，局管内的由铁路局批准，跨局的由国铁集团批准。该动车所日均完成一级检修组数为 60～70 辆，其中机修数量为 20～30 辆。机修就是通过高速摄像机对车辆出库入库状态进行比对，达到判别问题和识别问题的目的。人工完成一级检修组数为 40 辆。二级检修是对动车组各系统、零部件实施的周期性维护保养、检测、试验，不得漏项、超期。扣车集中检修时须填写"动车组扣修单"，修竣后须填写"动车组扣修竣工单"。日均完成二级检修组数为 6 组。该能力由库线数量和检查库布置形式决定。

　　该动车所设备齐全，详细见表 3-1。经调研显示，该动车所鼓励员工，为了提高检修效率，自行研发适用于各种工况下的新型设备和机械工具。如齿轮箱换油车、牵引电机注汁机、斜云梯等设备均由员工自行开发。齿轮箱换油车可快速准确对齿轮箱进行注油，比起手动注油效率和准确度大大提高。牵引电机注汁机也是小型机械，快速精确对牵引电机进行注液。由于动车组车头较长，且动车司机每次停车位置误差较大，没法定点设置移动伸缩架送人员对车玻璃和雨刷器进行清洁和检测，因此设置可移动的斜云梯，便利快捷。

表 3-1　　　　　　　　　　　该动车所设备

所属类别	设备名称	是否有此设备
检修设施设备	不落轮镟床	是
	空心车轴探伤设备	是
	轮辋轮辐探伤设备	是
	转向架更换设备	是
	除尘设备	是
	车头检修平台	是
	救援用悬轮装置	是
	轮对故障动态检测系统	是
	受电弓动态检测系统	是
	作业监控评价管理系统	是
	动车组运行故障图像检测系统	是
	架修机	是

续表

所属类别	设备名称	是否有此设备
一般基础设施	融冰除雪设备	是
	作业平台	是
	轨道桥	是
	地面电源	是
	安全监控系统	是
	真空吸污系统	是
	动车组管理信息系统	是
	立体仓库	是
	上水设施	是
	空压机间	是
	齿轮箱换油车、牵引电机注汁机	是

调研结果表明，该动车所是国有企业，归属于当地动车段，整体由国铁集团管理。动车所并无全成本核算，动车所一般仅对各项成本进行粗略估计，甚至无效益分析。相关全成本核算账目在国铁集团才有所涉及，国铁集团招标统一购买列车后，下放给各个动车段，涉及动车所成本仅包含直接成本、建设投入成本（后期折旧）、直接费用（人力成本、能源费用等）和大修费用。该动车所的成本大多由国家出资，动车维修零件成本极高，由国家统一购买。

其主要收入来源在于货运收入（货运列车收入）和客运收入（高铁票），在动车段内，高铁站等负责出售高铁票，动车所负责为列车进行保养维修，每年盈利部分按一定百分比下拨给动车所支出各项成本。

对于人工成本，该动车所人员配属为每个检查库配备 700 名左右正式员工，对于管理岗位、技术岗位和一线岗位人员配比为 1∶1.5∶2，薪资配比为 2∶1.5∶1。

除此之外，在安全能够得到保证的前提下，相关一、二级检修项目可以根据自身状况，在成本合适的前提下进行上报申请，自主委外。相关委外条款参见车辆专业管理内部文件。此条款会根据当前经济条件进行动态调整。

在材料成本方面支出较大，需要采购材料超声波探伤设备、不落轮镟床、轮辋轮辐探伤设备、工业除尘设备等大型设备，且列车零件的购置也十分昂贵，如制动闸片、探伤适配器等。因此为了节约成本，动车所进行了创新，发明了一种可使用2次的高强度螺栓，比起之前的一次性螺栓，费用大大降低。因此材料成本项目收费明细不包括此项费用，仅对业务流程服务内容明细进行表述。以下是动车所全流程服务内容明细。

对列车检修主要是负责动车组日常一、二级检修和易耗品更换，检修设备有整备维修库、电气测试装置、轮对踏面诊断装置、不落轮镟修设备、轮对及转向架更换中心、车轴探伤装置、动车组内部清洗及整理设备、动车组外部清洗设备，为了不受气候条件影响，所有的日常检修工作都在建筑物内进行。除动车所外，还要设置维修工厂，对动车组进行全面检查和维修。检修同时还要做动车组整务工作，主要包括上油、上水、上砂及补充备品，餐车上料，列车废弃物处理及在整备、维修基地停留。整备与维修设备要具有多路平行作业的能力。按上、中、下三层空间合理布局和配置生产线的原理，设置具有3个不同高度的作业平台及合理、通畅的备品、材料等运输通道，创造良好的作业环境，保证在同一时间里对多个动车组进行集整备与维修于一体的综合性工作，减少作业及工序间的交叉干扰及动车组在作业过程中的多次调移转线，压缩动车组整备、维修的总时间；在高速列车上装设各种自动及遥控故障检测系统、自动诊断及自动修复系统、故障信息传递系统等一系列现代化的高新技术系统，保证在高速列车运行过程中对其主要部件及功能实现连续动态跟踪检测。检测系统本身在一定时间间隔内也定期自动测试，并将各种测试结果及其故障信息不间断地及时传递给整备、维修基地，以便维修基地根据这些信息，提前做好整务和维修的准备工作。相应地，维修基地也必须配备和设置与动车组相适应的高新技术装备，大量采用机械化和自动化的先进检修技术。

国内外动车组的运营基本相同，采用昼间运行、夜间养护的方式。

每天早 8：30、晚 8：00，分别在动车所召开由动车所值班领导主持的联合交班会，各专业（单位）派人准时参加，汇报和总结作业情况，协调解决作业中结合部问题，听取作业安排，领取作业计划并签认。动车所采用 24 h 三班制工作方式，白班以二级检修为主，夜班分两班，以一级检修为主。

1. 入所（轮对诊断）

根据动车组终到时刻表，排好生产计划，提前交付车站信号楼。车站信号楼值班员根据动车所提交的生产计划表，按照预定的时刻开放由车站至动车所内的进路。

为提高出入所效率，需提高发车密度，国内动车所对出入所一般按照行车模式办理，追踪时间可控制在 5 min 以内。由于轮对诊断设备设于出入所线上，诊断时限速 8~12 km/h，入所动车组运行速度较低。外局动车组一般不进行轮对诊断，通过设备时限速 30 km/h。另外，即使不通过轮对诊断，由于存车场车站端一般采用 12 号道岔，故动车组侧向通过速度也不应大于 60 km/h。

现在一些较先进的动车所，在动车组入所时，会采用高速摄像机先对列车进行初始的筛查，通过提取列车振动状态参数、声学检测参数、温度探查结果、电气参数、表面形貌、光学参数以及压力参数等对列车进行初始的数据提取、识别、处理和决策，得到初步的结论。

在此之后，工作人员应进行作业安全检查。运用维修管理和作业人员要严格履行现行安全、技术规章和安全生产管理制度中明确的安全生产责任、义务，遵守规章制度，执行作业标准，保证作业安全。现场管理及作业人员须认真执行"班前、班中、班后"安全检查确认和安全卡控制度，结合天气情况、作业环境条件的变化和工作重点任务，做好安全预想，研判作业风险，制定防控措施，并在作业过程中抓好落实。

上班前，严禁饮酒，充分休息，保证工作时精力充沛，思想集中；工作前，要按规定穿戴好防护用品，检查确认所使用或交接的工具、设备的技术状态良好；作业中必须保证精力集中、严守纪律，不准做与本岗位工作无关的事情；完工后，要关闭风、气、水、电等开关，工具、材料要收拾整齐，做到工完、料净、场地清。

工作过程中要时刻注意工作场所及设备状态，发现不安全因素时须立即停止作业，隐患消除后方可继续作业。应保持工作场地、机具设备的整洁和道路通畅，产品配件、原材料排放需整齐稳固。对供/断电作业、电气焊、外接电源使用、登高作业等安全关键环节进行可靠卡控，规范手机管理，确保作业安全。对有害气体、腐蚀性液体、发热部件、噪声、设备部件尖锐边角等可能引起人身伤害的危险源采取有效的防护措施。

现场作业安全的要求如下。

（1）站场作业安全。

在站场作业和行走时，要随时注意邻线来往车辆，严禁在轨枕上、轨道中心、车底下、车端部和站台边坐、立、闲谈、休息、避雨或乘凉；电气化线路下作业时，携带的物品、工具等必须与接触网保持 2 m 以上安全距离。横过线路和道口时，加强瞭望，严格执行"一站、二看、三确认、四通过"及"手指、眼看、口呼"制度。从停留车辆的端部横过线路时，要留有足够的安全距离，迅速通过，不得在轨道中停留。动车组站场转线及出入库前，须通过对讲机联控或语音广播等方式提示作业人员严禁穿越股道。

（2）登高作业安全。

登高作业指距离坠落基准面 2 m 及以上的高处作业。登高前，应检查确认梯子、升降台等登高辅助设备完整良好，设有防滑、固定等装置，并采取有效防护措施。登高期间，思想集中，不得用力过猛、探身过远、高空跨越。开动升降台上下升降或左右移动前，必须瞭望确认安全。

登高作业时，须确认接触网已断电并可靠接地，须使用安全带（绳）。安全带（绳）使用前须确认状态良好；使用时应高挂低用，锁好安全带（绳）及安全钩，拴绑于结实牢固处所。车顶作业时应在防滑带行走，防止坠落。

（3）供断电作业安全。

接触网供断电作业由动车所调度员、操作员、监护员共同进行，做好呼唤应答，操作员、监护员必须具备上岗资格，并按规定穿戴好防护用品；供断电作业前须确认是否具备供断电条件。作业人员必须办理申请和签认手续。

作业严格执行验电程序。遇隔离开关故障时，必须停止操作，按规定程序进行处置，未修复前不准操作，严禁擅自修理。雷雨天气禁止接触网供断电作业。

（4）检修作业安全。

动车组维修作业必须在动车组放电完毕后方可开始；对高压设备进行作业时，除须按规定实施断电作业，执行电容类部件放电操作，还应对电气设备实施短接接地操作，各平台动车组设置有配套的高压安全互锁钥匙系统。

如临修库受电弓更换作业，除实施接触网断电挂接地线外，对动车组网侧高压系统应通过接地刀闸实施接地操作，并确保接地刀闸保持在闭合状态，以实现接地保护。杜绝各类意外情况下二次通电风险。作业人员按规定合理管控主控钥匙，按技术手册要求使用必要级别高压互锁系统钥匙，重点避免意外升弓合闸，高压通过车顶母线从临修库外传递至库内作业区。作业完成后方可恢复接地刀闸及钥匙系统。

作业人员严禁在未做有效防护的区域（临修库外车顶区域）活动和作业。

检修电、气、风、机械设备时，在切断电源和动力源后，须在主电源箱、动力源开关处悬挂检修作业禁动标志牌，必要时应加锁保护。多个班组作业时，应分别悬挂禁动标志牌。

作业完毕后，禁动标志牌由悬挂人负责撤除。

分解组装笨重配件时，必须密切注意其连接状态，在没有螺栓固定支架承托或采取防护措施的情况下，严禁拆卸，以防跌落伤人。吻合对孔时，禁止手摸孔槽。

处理制动故障前，必须关闭风源，并排尽风缸余风。更换闸片时，不得将手伸入闸片与闸盘之间。

动车组原则上禁止动火作业，确需动火作业时，须取得安全管理部门开具的动火证。动火工作现场要保证空气畅通，准备足量灭火器材。氧气瓶与乙炔发生器的距离应在 5 m 以上。动火作业完毕后，应专人确认，发现异状立即处理。

在地沟线路上进行检修作业时须确认地沟盖板状态，禁止脚踏地沟边缘。盖板、地沟边缘的油垢必须及时清除。作业地面结冰、存有油垢处要采取防滑措施。

动车组在进行调车作业或出、入库作业时，必须关闭动车组所有侧门，防止人员挤伤、坠落。

2. 洗车

洗车线一般设于存车线外侧，洗车线也可接车。动车组在洗车区前需停车，等待洗车设备是否良好的提示，洗车时限速 5 km/h，洗车后可直接入库，也可在洗车区短暂停车等待。在设计中洗车区前后均可停放一列长编组动车组，并考虑信号设备技术要求。

洗车采用动态作业方式，按照一定的工序完成车侧清洗，在此工序中一般不洗车头端面。洗车工序包括预湿喷药→药液刷抹→回水冲刷→清水刷洗。

预湿喷药：动车刷洗前在车体表面喷洒洗涤剂。

药液刷抹：洗涤剂喷到车体表面后，由侧刷组和底裙刷组进行刷抹，强化反应速度，提高效果。

回水冲刷：首先用少量的回水刷洗，使污物更好地与洗涤剂结合，起到更好的去污作用。再用大量水强力刷洗，将污物除去，达到洗净要求。

清水刷洗：经过回水刷洗之后，需要再用洁净水进行刷洗、漂洗，达到去除污物和洁净要求。本工序采用软化后的清水。

高铁是现代化交通工具，造价也非常高昂，按 8 个车厢为一列的动车组列车来说，造价就高达 1.9 亿元以上，每一节车厢都超过了 2300 万元，成本非常高，在运行中有一整套严格的管理制度。所以高铁的清洁工作，也是按照规定进行的。

对于雾霾天气下运行的高铁列车，一般要求是每 24 h 就要清洗一次，正常天气下运行的高铁列车，一般行驶里程达到 4000 km 左右，就要清洗一次，按照远途高铁单程 1000 km 的距离，也是一天的时间清洗一次。在动车所内，设有自动洗车库，规模巨大，专门为高铁定制，设全自动喷水、光电感应系统和喷清洗液的装置。高铁进入自动洗车库后，会熄火关闭电源，凭借牵引轨道上的阀门来完成前进和后退。这种清洗高铁的水，是经过了特殊处理的水，并经过了严格的测试。只有使用专用的清洗水，才能保证高铁的外壳不被腐蚀和继续保持绝缘的涂层效果。高铁在自动洗车库里，先要等待全车喷水冲刷掉车体的浮灰和泥土，避免对车轮轴承造成堵塞和隐患；然后再喷淋专用的特制高铁清洗剂，清洗剂同时对高铁外壳也有一定的养护作用，保持车体的漆面光滑和明亮；最后冲洗干净后，人工快速用干净的吸水布擦干车体。

在雾霾天气，高铁的车辆外壳，尤其是车头上会粘上一层黏腻的灰尘，灰尘中有腐蚀性的雾霾物质，自动清洗还不能完全洗干净，需要人工进行一次精细清洗，避免灰尘长时间累积，对高铁外壳造成损伤和腐蚀。人工清洁使用泡棉刷，去污强的同时不会刮伤高铁的漆面，将刷子装在一根 5 m 长的伸缩杆上，人工操作进行清洗。除外观清洁外，高铁的车厢内部还要进行清洁和消毒，对座椅的布罩进行更换和清洁，专门送到清洗车间进行清洗和烘干。

3. 存车（司机、随车机械师退勤）

洗车完毕后，若未到一级修程，动车组折角进入存车场。若到了一级修程，动车组入库。正线司机和随车机械师在存车场或库内下车，到检查库边跨调度中心办理退勤手续。

若动车组不洗车或因洗车线繁忙未洗车，动车组入所后直接进入存车场。

正线司机退勤后，所内的调车作业由地勤司机完成。不同的动车所对正线司机和地勤司机的交接班地点规定略有不同。

运营动车组设有列车乘务组，列车乘务组一般由机务、车辆、客运、餐饮、保洁及公安（安全员）人员组成。其中，餐饮、保洁、安全员（管内动车组）由客运部门管理，列车乘务组车辆人员即对应动车段动车组随车机械师。

动车组随车机械师主要担负运行动车组（运营、试验、回送动车组）随车乘务工作，负责保证动车组安全的运行状态，维护正常的车内硬件环境，掌握和传递动车组设备的动态运行信息，应急处理和维修运行中的设备故障，对动车组上部设施进行日常状态检查和质量交接等。

一般情况下对机械师出乘要求十分严格，规定出乘前应充分休息，严禁饮酒。出乘时，应按规定着装，佩戴胸卡并携带相应证件，到动车所派班室（存放点值班室）接受酒精测试，按规定领取动车组固定服务设施状态检查记录单（见表 3-2）、动车组出所质量联检记录单、动车组随车机械师乘务日志（见表 3-3）、动车组故障交接记录单、随车钥匙、GSM-R 手持终端和无线对讲设备等，听取命令、任务、要求及注意事项，了解动车组检修、故障处理及前次运行情况。

4. 所内调车入库

调度是贯穿动车组运用维修全场景、全流程的关键岗位。严格执行调度命令和相关制度、流程是保证动车组安全、稳定运营的基础和前提。从业者应树立维护调度命令权威的观念，深刻理解"调度集中统一指挥、行车单一指挥"的内涵。在所内调车作业不纳入车站信号楼控制，而由所内信号楼调度室控制，能有效联络，便于管理，提高调车效率。

国家铁路实行运输调度集中统一指挥、行车单一指挥。调度集中统一指挥是指一切有关列车运行工作的各专业，全部要服从"调度"的统一指挥；行车单一指挥是指同一时间、同一位置与司机的联系和指挥，只能通过唯一的岗位来完成，高速铁路线路的唯一指挥人为高铁行车调度员。

所有被称为"调度"的各级部门，都是从事生产组织指挥类工作的。运输专业部门"调度"因从事行车组织工作，被称为"行车调度"，其他专业也有自己的"调度"。专业的调度分别在"调度"前面加上专业名称，即为调度职务名称，如动车专业的调度就叫作"动车调度"。以运输专业的"行车调度"为主节点、各专业调度为副节点的中枢神经网络，就是铁路的指挥中枢，叫作调度中心（所）。一般列车调度还需要填写调度日志（见表 3-4）。

表3-2

动车组固定服务设施状态检查记录单

CRH　××动车段××所

动车组固定服务设施状态检查记录

车次交路：＿＿＿＿　　动车组列号：＿＿＿＿　　编号No.：＿＿＿＿

出库、始发交接（时间：　　　）

车号	故障或问题	处置情况	责任单位

备注：

随车机械师：＿＿＿＿

动车运用所质检员：＿＿＿＿　　客运质检员：＿＿＿＿

列车长：＿＿＿＿　　乘警：＿＿＿＿

日期：　　年　　月　　日

到达交接（时间：　　　）

车号	故障或问题	处置情况	责任单位

备注：

随车机械师：＿＿＿＿

列车长：＿＿＿＿　　乘警：＿＿＿＿

日期：　　年　　月　　日

填写说明：1.本交接单用于动车组在出库前及回库后，由随车机械师、客运质检员、动车运用所质检员、列车长及乘警负责填写。
2.交接单左表填写上趟进库检修车组的故障（所有未处理的）处理情况，故障抄录由客运质检员负责，处理结果由车辆、客运质检员共同确认签字，"处置情况"填写"修复"或"未修复"，"未修复"的简单描述原因。

表 3-3 动车组随车机械师乘务日志

‖€ CRH	____动车段 ____所
	乘务日志

___年___月___日至___年___月___日

出乘指示	
学习内容	

时间	车次	运行区段	运行记事	随车机械师	列车长	司机
5:49	OGXX	杭州所—杭州站	D8道出所，出库接车作业正常			
6:00	GXX	杭州站	6号站台始发作业正常			
7:50—8:50	GXX	杭州—南京南	途中巡检正常			
10:20—11:20	GXX	南京南—曲阜东	途中巡检发现10车外门锁闭不良			
13:41	GXX	北京南	4号站台折返作业正常			
15:05—16:05	GXX	北京南—济南西	途中巡视发现11车电茶炉不出水			
16:35—17:35	GXX	曲阜东—南京南	途中巡视发现13车左侧厕所故障			
19:05—20:05	GXX	苏州北—杭州	途中巡视正常			
21:09	OGXX	杭州—杭州所	终到作业正常			

随车工具及备品交接	工具备品齐全、有效	累计走行公里	
		出所随车机械师	
当日运行升 后 号；当日入所升 2、15 号		入所随车机械师	

调度员签字：	乘务指导审阅：
___年___月___日	___年___月___日

表3-4

调度日志

××动车段××动车所调度日志

值班领导：　　　　日班调度：　　　　夜班调度员：

年　月　日

车次	当日检修 车列号	修程 级别	计划检修股道	实际检修股道	洗车 股道	洗车时间	入检修库时间	检修作业开始时间	上线 停电时间	供电时间	出检修库时间	检修完成时间	修船时间 总计	车次	出发 实际车组	出所 股道	动车所 车型	三级检修 入厂时间	四级检修 入厂时间	四级检修 车列号	五级检修 入厂时间	五级检修 车列号	在厂检修
0G7564	3511	一级检修	D4	D4	D14	21:51—22:37	18:48	19:30	19:30	20:30	21:13	21:25	1小时45分	0G35	3511	D33	CRH380BL		326	3507			
															×		×						
													合计										

注事项

临修作业（含换轮）

股道	车号	扣修日期	临修内容	完成√	未完成原因
D1	3519	4.22	更换轮对	√	

一级检修

全天计划检修组	按计划股道见现组	按车号 见现组	入厂时间	未见观原因
13	13	13	13	

二级检修

股道	车号	项目	完成√	未见观原因
D5	3514	空心轴探伤	√	

洗车作业

计划洗车组	全天观现洗车组	未完成原因
10	10	

存放动车组

股道	车号	备注
	末向	

运输调度由行车（计划）、客运、货运、机车、车辆、动车、工务、电务、牵引供电（电力）等专业工种调度组成。

动车调度工作按照分级管理、逐级负责的原则，实行国铁集团、铁路局集团公司和动车段三级管理。动车调度管理架构如图3-3所示。

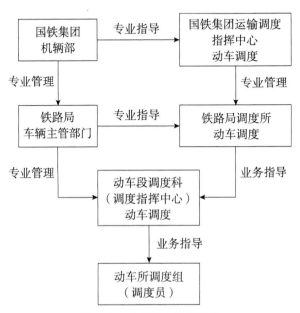

图 3-3   动车调度管理架构

动车段设有调度科（调度指挥中心），调度人员包括运用（值班）、检修（计划）等动车调度，一般还设有应急指挥人员，分工负责生产组织和应急指挥等相关工作。动车所设有调度室，动车所调度员负责落实调度命令、计划和组织生产，一般设有运用、检修、安全、日勤等岗位，不同动车所根据不同检修模式设置的岗位略有差异。随着配属动车组数量和车型的增加，动车所调度管理逐渐向各部门专业负责、统一指挥的办公模式发展。

检修（计划）调度的主要工作是掌握本段动车组动态，组织动车组转属、配属、租借及检修，落实运用、检修、热备、备用、试运行和回送等计划；掌握动车组运用检修（临修、整治）计划，组织编制动车组二级检修计划，参与编制动车组高级检修建议计划，跟踪检修进度，督促兑现检修任务；组织新图实施、新线开通和新车型开行。

运用（值班）调度的主要工作是负责动车组运用，督促运用任务、检修计划按时兑现，协调、处置各部门之间的生产结合部问题；掌握本段关键生产设备设施信息、故障情况，及时组织处理；负责申请车底运用计划、调度命令，流转调度命令和相关文件电报；负责动车组相关数据指标分析，安全生产信息收集、分析、反馈，参与非正常行车应急处置等工作；维护动车组管理信息系统；检查指导动车所（车间）生产组织工作。

5. 库内一、二级检修作业

动车所承担动车组整备，一、二级检修（见表 3-5），临修和存放作业。动车组在检查库内完成一、二级检修作业，进入轨道桥时限速 10 km/h。

表 3-5　　　　　　　　一、二级检修作业内容

检修项目	检修要求	一级	二级
1. 转向架			
（1）轮对	检查	√	√
	诊断	√	√
（2）轴箱及定位装置	检查	√	√
（3）空气弹簧及附属装置	检查	√	√
（4）油压减振器	检查	√	√
（5）构架	检查	√	√
（6）排障器	检查	√	√
（7）牵引电机	检查	√	√
（8）联轴节	检查	√	√
（9）齿轮箱、速度传感器	检查	√	√
（10）盘形制动装置	检查	√	√
（11）制动管系	检查	√	√
（12）抗侧滚扭杆	检查	√	√
（13）牵引装置	检查	√	√
（14）接地回流装置	检查	√	√

续表

检修项目	检修要求	一级	二级
2. 制动装置			
（1）基础制动装置	检查	√	√
（2）供风管系	检查	√	√
（3）空气压缩机及附属装置	检查		√
（4）制动试验	试验	√	√
（5）综合制动试验	测试		√
3. 车头外部设备			
（1）前罩	检查	√	√
（2）排障器	检查	√	√
（3）车载信号接收器	检查	√	√
（4）盖板机构、自动车钩	检查		√
	测试		√
（5）AC380V 连接器座	检查		√
4. 车端连接装置			
（1）半永久车钩	检查	√	√
（2）电气连接器	检查	√	√
（3）跨接线	检查	√	√
（4）车钩油压减振器	检查	√	√
5. 车下设备			
（1）车底架各梁	检查		√
（2）蓄电池及箱体	检查		√
（3）牵引电机、风机	检查		√
（4）牵引变流器及附属装置	检查		√
（5）辅助变流器及附属装置	检查		√
（6）配电箱	检查		√
（7）空调装置	检查		√
（8）滤波器箱	检查		√
（9）主变压器及冷却装置	检查		√

续表

检修项目	检修要求	一级	二级
（10）主空气压缩机装置	检查		√
（11）辅助空气压缩机装置	检查		√
（12）制动控制装置	检查		√
（13）水箱、污物箱	检查		√
6.车体			
（1）车体外墙板、侧裙板、玻璃及车底板	检查	√	√
（2）车外显示屏及各液位指示灯	检查	√	√
	测试		√
（3）内外风挡	检查	√	√
（4）外门	检查	√	√
（5）外门开关功能	试验	√	√
（6）外门综合性能	测试		√
7.司机室			
（1）驾驶台设备	检查	√	√
（2）驾驶台附属设备	检查	√	√
	测试		√
（3）行车安全设备	检查	√	√
8.车内设备			
（1）乘务室设备	检查	√	√
	测试		√
（2）车厢内显示屏、液晶电视及各指示灯	检查	√	√
（3）厕所设备	检查	√	√
（4）小卖部吧台设备	检查	√	√
（5）电茶炉	检查	√	√
（6）照明、空调、通风、座椅、车窗、玻璃、窗帘、扶手、行李架、大件行李存放架、各指示牌	检查	√	√
（7）紧急破窗锤、灭火器	检查	√	√
（8）车内各门、风挡及附属设施	检查	√	√

续表

检修项目	检修要求	一级	二级
(9) 车内地板、墙板及顶板	检查	√	√
(10) 配电柜	检查		√
9. 车顶设备			
(1) 受电弓	检查	√	√
	测试		√
(2) 无线电信号天线	检查		√
(3) 车顶空调装置	检查		√
(4) 特高压装置	检查	√	√
(5) 网侧断路器	检查	√	√
(6) 车顶盖板	检查		√
10. 列车控制和管理系统	测试		√
11. 系统测试：视频娱乐系统	测试		√
12. 系统测试：乘客信息系统	测试		√

动车所设备配属表如表 3-6 所示。

表 3-6　　　　　　　　　　动车所设备配属表

序号	设备名称	主要功能	设置地点
一	大中型检测设备	满足动车组一、二级检修需求	
1	车轮故障在线检测系统	动态检测轮对擦伤、尺寸，闸片智能检测	轮对检测棚
2	受电弓动态检测系统	动态检测受电弓滑板磨耗、中心值偏差、接触压力、车顶状态等	轮对检测棚
3	一级检修综合监测设备	检测本属动车组车侧、车顶图像	轮对检测棚
4	移动轮辋轮辐探伤系统	360°全范围精细探伤，检测轮辋轮辐周向、径向、斜向疲劳缺陷，具备多边形检测，配套样板轮、互锁设备	临修库或检查库
5	车底智能检测系统	一级检修车底检查	检查库

序号	设备名称	主要功能	设置地点
6	TEDS（动车组运行故障动态图像检测系统）设备	检测入站外属车车底、车侧状况	车站咽喉区
二	检修设备	满足动车组临修及二级检修需求	
1	转向架更换设备	更换转向架、轮对	临修库
2	双轴不落轮车床	镟修车轮，测量镟修前后车轮全尺寸参数	临修库
3	车窗维修工装	拆装玻璃，由割胶机、气动胶枪、三爪吸盘组成	临修库
4	轴箱盖拆卸工装	用于轴箱盖拆卸（CRH2、CRH380A 型动车组专用）	临修库
三	移动式检测专用设备	移动式设备，满足一、二级检修检测作业	
1	空心车轴超声波探伤设备	以空心轴内孔表面为检测面对全轴进行螺旋扫查，可检测车轴外表面疲劳裂纹和内部缺陷	检查库
2	便携式空心车轴探伤设备	空心轴缺陷复核	检查库
3	便携式相控阵轮辋探伤仪	车轮缺陷复核	检查库
4	便携式受电弓测试仪	测试受电弓压力、升弓高度、升降时间	检查库
5	便携式轮对综合尺寸检测系统	检测车轮外形尺寸、轮对内侧距、轮径、制动盘、圆度、等效锥度等	检查库
6	空调检修专用工装	回收、净化、定量加注、抽真空作业	临修库
7	齿轮箱修理设备	满足 CRH2 型动车组 600000 km 检修需求	检查库
四	辅助检修设备	不直接用于动车组检修，辅助检修	

序号	设备名称	主要功能	设置地点
1	安全监控系统	安全管理登顶作业与接触网锁闭工作，无线验电、电动接地开关、光电隔离、电源管控、数字广播等升级改造功能，库门联锁	检查库
2	在线探伤用转轮器	在检查库内探伤作业中，支撑转轮	检查库
3	动车组专用抢修悬轮装置	正线动车组轮对故障抱死等情况下，悬轮救援	检查库
4	车头检修平台	弧形车头登高更换雨刷器、车灯用	检查库
5	受电弓应急升弓装置	蓄电池亏电，为受电弓升弓	检查库
6	曲臂升降车	检修车顶、车头	检查库
7	公铁两用车	牵引动车组进行临修、镟轮作业，可在驾驶室控制和遥控	临修库
8	便携式安全照明灯	检查车底部、车内，具有工作光、强光、爆闪三档光，可用于照明或远距离信号指示	检查库
9	辆份制配送小车	根据修程需求，成套配送工具	检查库
10	动车组检修工具网	满足车顶、车内、边门、车钩、设备舱、滤网、走行部、测量等作业的各种扳手、测量等工具	检查库
11	轨道桥及三层作业平台	形成地面、车内 1.25 m、车顶 3.8 m 三层作业面	检查库
12	吊钩桥式起重机 $Q=10\ t$, $s=22.5\ m$	临修库吊运空调、转向架	临修库
13	电动单梁悬挂起重机 $Q=2\ t$, $s=3\ m$	临修库边跨吊运零部件	临修库
14	电动单梁桥式起重机 $Q=3\ t$, $s=5\ m$	检查库边跨吊运零部件	检查库

续表

序号	设备名称	主要功能	设置地点
15	地面电源	给动车组蓄电池供电	检查库
16	空气压缩机	提供气动工具、吹扫除尘用压缩空气	空压机间
17	风水盘管系统	提供压缩空气管道盘管用	检查库
18	悬挂式综合管廊	集中布置库内管道	检查库
19	立体存放库	存放动车组消耗品等零部件	检查库
20	驾驶式洗地机	清洗库内地面	检查库
21	室外标志标识系统	标注室外股道编号及停车位置标牌	室外
22	车号自动识别设备	检测动车组车号	出入所咽喉区
23	智能扭矩校验系统	校验扭力扳手扭矩数据	检查库
24	库内标志标识	库内进行警示、提醒、作业辅助的警戒色及标牌	检查库
25	钥匙管理系统	管理司机钥匙	检查库
26	工具管理系统	智能管理工具、领料	检查库
27	库内挡车器	安装于尽头式检查线尾端，防止车辆碰撞或在撞击时起缓冲或制动作用	检查库
28	存放架	零部件库存放货物用	检查库
29	移动电源车	给动车组供电	检查库
五	运转整备设备	运转整备设备包括对司机的运转管理设备，以及对动车组补水、补砂、除尘、清洗等整备作业设备	
1	洗车机	通过式，清洗车体侧面	检查库
2	卸污设备	真空卸污	检查库
3	上水设备	客车上水	检查库
4	冷水高压清洗机	清洗滤网	检查库
5	大功率吸尘器	车体及设备仓除尘	检查库

序号	设备名称	主要功能	设置地点
6	油脂综合加注车	用于动车组所有油脂的定量加注、管理	检查库
7	变流器冷却液加注装置	加注冷却液	检查库
8	自动上砂小车	对动车组加砂	检查库
9	随车机械师出退勤设备	管理随车机械师出退勤，包括酒精检测仪、触摸屏等	检查库、公寓
10	运用安全管理系统	管理司机出退勤等作业，集成大屏幕、摄像、酒精检测、指纹、触摸屏等一体设备，自助办理出退勤业务	检查库、公寓
11	乘务一体机	集成机柜、摄像、酒精检测、指纹、触摸屏等一体设备，自助办理出退勤业务	车站
12	动车组司机操控信息分析系统	集成转储卡、读卡器、数据转储分析、音视频工作站及NAS（网络附属存储）	车站
13	揭示自动验卡装置	验证IC卡写卡结果	车站
14	特殊行车揭示模拟装置	IC卡数据模拟运行	车站
15	列车驾驶培训系统	培训司机的模拟器	车站
16	生理、心理调节设备	司机疲劳检测系统、心理多功能减压舱、身心反馈训练系统、音乐放松系统	车站
六	运输车辆	运输	
1	剪叉自行式高空作业车	检修库内灯具等	检查库
2	2 t 蓄电池搬运车	搬运零部件	检查库
3	2 t 蓄电池叉车	搬运零部件	检查库
4	升降式材料搬运小车	搬运零部件，满足客运整备需求	检查库
5	作业人员接送车	接送所内生产、办公人员	室外

序号	设备名称	主要功能	设置地点
6	治安巡逻车	治安巡逻	室外
7	救援抢险车	救援抢险	室外
8	乘务员接送车	接送司机、随车机械师	室外

（1）一级检修。

一级检修为动车组上线前的例行安全检查，是对动车组的车顶、车下、车体两侧、车内和司机室等部位实施快速例行检查、试验和故障处理的检修作业，须在动车所检查库内实施。二级检修是对动车组各系统、零部件实施的周期性维护保养、检测、试验，不得漏项、超期。

动车组一级检修作业涵盖多专业、多工种，突出快速性、流水性的生产组织特点，其采取一级检修作业组为主，其他协同作业组同步实施的生产组织方式。

一级检修作业组主要负责动车组一级检修范围内容的检查，短编（8辆编组）动车组一级检修原则上由1个作业小组实施，长编（16及17辆编组）动车组一级检修可由2个作业小组实施。一级检修作业小组按照作业位置一般可分为上部作业组、下部作业组。上部作业组主要负责动车组车顶及司机室相关部件性能的检查及试验；下部作业组主要负责动车组车底、车体两侧及车内部件的检查。动车段根据生产组织管理需要，以不同作业号位的命名方式体现各作业人员角色分工。

其他协同作业组主要负责除一级检修作业组作业范围外的生产组织任务，包括动车组进出检查库的清道、接送车作业、接触网供断电操作、故障处置、吸污、保洁及电务车载设备检查测试等。

①检修模式。

动车组检修可采用"无电（可接外接电源）—有电"或"有电—无电—有电"作业模式。短编动车组检修由1个作业小组实施，长编动车组检修由2个作业小组实施。备用动车组累计备用时间超过48 h，检修动车组修竣后，上线运营前须进行一级检修。动车组一级检修原则上应在本所进行。确需入外所检修时，局管内的由铁路局集团公司批准，跨局的由国铁集团批准。动车组入外所检修时，配属段须与承修段签订委托检修协议，明确质量、安全责任、检修费用等相关内容。

a. 无电作业。

车组进入检查库后，一级检修作业组作业号位插设安全防护号志，降下受电弓、退出主控，协同作业组人员控制接触网断电。待车组放电结束，开始无电作业。

动车组车顶检查：上部作业组作业号位领取安全联锁门禁卡，登顶并放下三层平台渡板后，开始动车组车顶无电检查作业，检查内容包括动车组空调盖板、格栅外观及其冷凝风扇、车顶天线、各类车顶板、外风挡、高压跨接电缆、受电弓导流罩、避雷器、受电弓及其附属装置、受电弓监控装置、绝缘子、主断路器、接地开关、隔离开关等部件。

车顶升、降弓试验：上部作业组车顶检查完毕后，还需进行受电弓升、降弓试验，一人在司机室操作，一人在车顶对试验受电弓进行检查，对部分车型要通过试漏剂确认受电弓风管接头、碳滑板等部位无漏风现象。升、降弓试验过程中，作业号位之间须加强联控，避免受电弓在升、降过程中磕碰作业人员。

车下设备检查：下部作业组进入地沟，按左、右侧分工对车下设备进行检查，检查内容包括前端导流罩、转向架排障器、撒砂装置、轮对组成、牵引电机及其连接线、齿轮箱、联轴节、基础制动装置、减振器、空气弹簧高度阀及安全阀、车下各类管线、车下各类设备舱底板、空调冷凝风扇等。

车体两侧设备检查：下部作业组车下作业完毕后，对车体两侧设备开展检查，包括轮缘润滑装置、轴箱定位装置、轴端安装部件、转向架构架及枕梁、轮对踏面、各类轴温/速度传感器、抗侧滚扭杆、空气弹簧、抗蛇行减振器、各车体裙盖板、车体外墙、外部显示器、制动指示器等。

结合动车组无电作业阶段，协同作业组同步实施车顶绝缘子擦拭、滤网清洁、吸污、保洁及故障处置等。

　　b. 有电作业。

　　无电作业完毕，协同作业组人员确认安全联锁门禁卡均已归还、车顶作业人员全部下顶、地沟作业人员全部出地沟后，对检修股道接触网进行供电。一级检修作业组开始有电作业。

　　司机室设备检查及相关功能试验：上部作业组人员插入动车组主控钥匙，激活动车组并升弓供电，对人机界面故障信息及设备显示状态进行检查确认；发现故障须及时告知协同作业组人员进行处置；随后对司机室配电柜、车头配电柜，司机室内灭火器、逃生窗、标识标签等物品部件进行检查；检查完毕开展相关功能试验，包括雨刷器、头灯、外车门、司机警惕装置、联络电话、制动等试验。

　　裙板复位确认及车内设施检查：车组供电后，下部作业组人员分两侧对裙板、盖板锁闭情况进行复检，确保锁闭到位。两侧复检完毕，进入车内对车内商务座椅、厨房设备设施、机械师室设备、电茶炉、盥洗设备、内端门、消防设备等进行外观及功能检查。

　　结合动车组有电作业阶段，协同作业组同步实施车内保洁作业及故障处置；电务、通信部门在有电期间，对动车组列车自动防护（ATP）系统、机车综合无线通信设备（CIR）、列车运行监控装置（LKJ）进行检查和测试。一级检修时间节点如图 3-4 所示。

　　②检修作业分工。

　　检修作业小组人员 4 名，自检自修。其中 1、2 号负责车内设施、司机室设备、车载信息系统、车顶设备检查及相关性能试验及维修。3、4 号负责车体、裙板、底板、转向架、钩缓连接、制动等下部检查、维修及外车门试验的动作确认。

　　③检修作业路线图。

　　车顶作业路线（1、2 号作业流程），如图 3-5 所示。

作业组	作业项目	作业时长（min）	无电作业							有电作业				转线	
		0	10	20	30	40	50	60	70	80	90	100	110	120	130
上部作业组	车顶设备检查	30													
	司机室设备检查及相关功能性试验	40													
	转线	10													
下部作业组	流水交叉作业	30/40													
	车下及车体两侧设备检查	60													
	箱板复位确认及车内设备检查	40													
地勤作业组	接触网断电作业	10													
	接触网供电作业	10													
临修作业组	临修故障处理、工具材料配送及回收	120													
电务部门	ATP、CIR、LKJ检查和测试	20													
外协作业组	吸污作业	20													
	绝缘子擦拭、滤网清洁作业	60													
	车内保洁作业	120													

图3-4 一级检修时间节点

注：实线表示一级检修作业组及其他协同作业组作业时间段。虚线框为上部作业组转线，流水交叉作业，上部作业组转线后进行另一组车的车顶设备检查和司机室设备检查及相关功能试验。

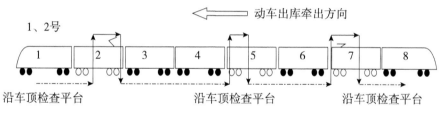

图 3-5 动车组车顶作业路线

车内作业路线（1、2号作业流程），如图 3-6 所示。

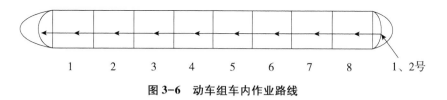

图 3-6 动车组车内作业路线

车下作业路线（3、4 号作业流程），如图 3-7 所示。

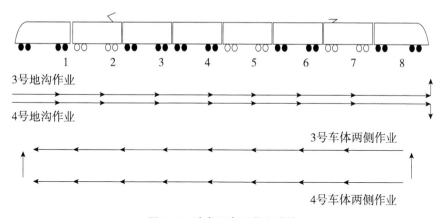

图 3-7 动车组车下作业路线

④作业步骤。

具体作业步骤如表 3-7 所示。

⑤出所质量联检。

出所质量联检是对检修竣工车组在上线运营前的一项质量管控措施。动车组一级检修竣工后须进行动车组出所质量联合检查，可在动车所检查库或存车场内进行。

表 3-7 作业步骤

步骤		作业内容
接触网供电前检修	步骤一	1、2、3、4 号共同到值班室接受作业计划，掌握运行故障及维修重点，检查检修工具后列队出发，在检查库等待动车组到达
	步骤二	1、2 号与乘务员进行动态交接，3、4 号共同插设安全标志
	步骤三	1 号进入司机室降下受电弓，2 号在车下确认受电弓降下
	步骤四	1、2 号共同办理接触网断电
	步骤五	1、2 号进行车顶设备检修，后转入司机室进行静态检查；3、4 号进行地沟及车体两侧检修作业
接触网供电后检修	步骤六	1、2 号办理接触网供电，升起受电弓（升弓前用对讲机知会 3、4 号）
	步骤七	1、2 号进行司机室设备通电检查试验和车内设备检修；3、4 号继续进行地沟及车体两侧检修作业
	步骤八	1、2 号在两司机室分别进行外车门开关试验时，通知 3、4 号确认外车门动作显示
	步骤九	1、2 号在司机室降下受电弓，将动车组转入停放模式；3、4 号撤除安全标志
	步骤十	1、2、3、4 号会合后共同到值班室，报告作业情况，等待下次作业

　　动车组出所质量联检由车辆部门牵头组织（一般由动车所调度通知发起，质检员组织，检修工长参与），动车组司机、电务人员、客运人员、车内保洁及外皮清洗一体化部门人员参加，按分工确认设备技术状态是否满足上线运行标准，出所质量联检发现故障时，需通知动车所调度，相关单位立即进行处置，确保动车组安全正点出所。动车组出所质量联检记录单如表 3-8 所示。

　　出所质量联检结束后，各一体化作业人员签认动车组出所质量联检记录单，质检员确认签认完毕后须及时将单据交调度。动车组出所质量联检记录单是动车组出所质量交接依据和上线运营凭证，动车组出所质量联检记录单签认不到位，动车所调度不得安排动车组上线运营。

表 3-8 　　　　　　　　　　**动车组出所质量联检记录单**

((: CRH	×××动车段×××所	
	动车组出所质量联检记录单	
	___ 年___月___日	

入/出所车次	××××/××××	车组号	××××-××××
交接完成时间	××：××	交接股道	×××
交接项目	质量状态	交接人签字	
动车组 技术状态	良好	检修工长	××
		质检员	××
驾驶设备 技术状态	良好	动车组司机	××
		质检员	××
列控车载设备技术状态	良好	列控检修人员	××
		动车组司机	××
LKJ 设备 技术状态	良好	LKJ 检修人员	××
		动车组司机	××
CIR 设备 技术状态	良好	CIR 检修人员	××
		动车组司机	××
固定服务设施技术状态	良好	客运人员	××
		质检员	××
客服整备	良好	整备人员	××
		质检员	××
车内保洁	良好	保洁人员	××
		质检员	××
外皮清洗	良好	外皮清洗	××
		质检员	××

填写说明：

1. 本表用于动车组在动车所完成出库质量联检后，由检修人员、司机、列控检修人员、LKJ 检修人员、CIR 检修人员、客运人员、整备人员、内部保洁人员、外皮清洗人员负责填写。

2. 本表为动车组出所前，动车组技术状态及各部位质量状态的交接依据，一体化相关单位按实际情况填写并签字确认

⑥对一级检修新模式的探索。

随着修程修制改革推进发展，各铁路局集团公司依靠部件可靠性分析、车地检测监测设备运用、数字化精准预防修实施、机器人设备投入等手段，对一级检修新模式开展探索试验，以不断提高一级检修劳动效率、挖潜动车组运能。以下就部分一级检修新模式探索情况做举例介绍。

机器人实施一级检修。动车组入所在线智能检测系统通常被称为"检修机器人"，目前已在时速300~350 km运营动车组上开展试验，即利用检修机器人开展车下、车体两侧检查作业，按照"一次机器人检修，一次人工检修"的方式交替实施。机器人检修时，作业人员只需负责机器人报警故障复核处置、司机室试验及车内检查，实现了试验动车组一级检修部分（车下、车体两侧）人工检查周期延长，提升了一级检修劳动效率。

对动车组的检测已由人工识别检测升级为"智能员工"检测。我国每天有1400多列动车组奔驰在25条高速线路上，动车组结构精密、零件多，在高速铁路"零误差、零缺陷、零故障"的理念下，风驰电掣般的运行速度背后，有着无数的运营检修人员为乘客保驾护航。

一列标准8编组动车，长208 m，往往需要4个人钻到昏暗的地沟里，花150 min才能完成检修。规模较大的动车所，每日需检修动车组数量达到60列。因为日常检修作业时仅一节车厢的车底就有3000多颗螺栓要检查，而一列标准8编组的动车检修零部件超过1万个，一次一级检修需要工作人员弯腰300多次，敲击5000多次。

如今，该类动车组检修作业已经逐步由"人检"向"机检"转变。在上海动车段上海虹桥动车所、京张高铁北京北动车所、广州动车段三亚动车所内，动车智能检测机器人已经得到应用，动车组车底检测可以初步实现少人化。

首先，动车智能检测机器人由车底机器人、360°综合检测系统、控制单元、多视觉图像采集单元、数据处理中心等系统组成，主要用于对动车车底及关键部件进行全方位检查、信息采集和数据分析，以保证动车行驶安全。

机器人在车型上能匹配包括复兴号在内的多种型号动车组，并实现对动车组的自动扫描、检测和数据分析。其次，智能检测机器人能匹配并检查、判断动车组车底走行部位的设备和配件情况。最后，机器人能在动车所检修库的股道里进行移动作业，能够进行长距离的直线运动加上高精确度作业。

以前车底有些部位的高度距离地面约 1.85 m，动车组车底空间狭小，对于齿轮箱、牵引电机、车轴、制动盘、空气弹簧等关键部件，肉眼难以全角度检查，再考虑到人的身高，动车组机械师们只能通过登高、半蹲等姿势尽力探查，许多部位更是只能趴伏仰视检查，导致许多死角看不到，工作难度较大且容易漏检而造成安全隐患。

在工作中，动车智能检测机器人首先要驶入动车所相关股道，等待工作人员确认好作业环境和机器人状态，智能检测机器人进入自检模式。之后，智能检测机器人向着动车组缓慢前进，对动车组进行全自动扫描与定位，随后运用激光雷达导航及定位技术，机械臂从股道重联端向动车列位行驶。

机器人准确运行至转向架下方后，开始对车底关键部件进行检查。一般而言，从动车组的车头到车尾，检测小车一来一回检测完成，车底的行走距离约 850 m，要求每次停下检测的位置误差不能超过 1 mm。

进入具体检测环节，智能检测机器人需要全自动地对动车组车底及关键部件进行快速扫描、识别定位，设备采用激光雷达导航及定位技术，全自动对动车组车底及关键部件进行全景快速扫描、精扫检测、远程数据分析和 3D 图像处理，最终实现动车组外观可视部件的松脱、断裂、渗油检测以及磨耗件到限检测。

由于需要具备复杂空间作业能力，一般而言，动车智能检测机器人系统还配有六轴工业机器人和机器人升降装置，从而可以伸入人手臂无法到达的地方，实现多角度 20 cm 的近距离观察检修。不断挥舞的动车组智能检测机械臂可以 360°旋转，轻松以任意姿态实现对车底关键部件的多角度拍摄检测和无死角检查。

综合而言，智能检测机器人巡检无疑具备灵活性高、效率高、准确率高等优势。

智能检测机器人可以模拟人工作业，达到人眼分辨率。检测一组 8 节车厢的智能复兴号动车组，机器人大概需要采集 920 张高清图片。采集高清图片后，检测出的数据将通过无线传输技术实时传输至图像识别服务器，由图像识别服务器进行分析、诊断。为了保证低延时，机器人和主机之间的数据联通也逐步提升到千兆网络传输，目前对一节车厢的数据进行分析后，仅需 2 min 即可回传，较之前的速度快了一倍。

同时，智能检测机器人会利用深度学习和特征识别相融合的图像算法，将采集的图片与数据库内的图片进行比对，快速识别设备异常情况，也会将检测出的问题及时推送给作业人员，由作业人员进行现场核实。同时，智能检测机器人可以将自身状态以及识别的设备异常信息，实时发送到手持终端，为机械师的复检提供数据支持。智能检测机器人投入使用后，只需要一人手持平板跟随机器人进行看车作业。智能检测机器人检测的效率是人工检测效率的 3 倍左右，能够更高效地完成检测任务，节省时间和人力、物力成本。除了精准完成检测任务，智能检测机器人还能够时刻保证最好状态，精准识别故障，降低人工检查的失误率和误报率。

⑦车地检测监测设备实施一级检修。

时速 300~350 km 及时速 200~250 km 运营动车组运营 48 h 后，利用动车组车载信息无线传输系统（WTDS）、动车组运行故障动态图像检测系统（TEDS）、动车组受电弓及车顶状态动态检测系统（SJ）、车轮故障在线检测系统（LY）、受电弓监控装置或动车组车载接触网运行状态检测装置（3C）设备数据分析处理方式开展一次一级检修，其中动车组状态正常的不需要再入库检修。这种利用车地检测监测设备实施一级检修的方式通常也称作"机检"，利用机检新模式，实现了人工一级检修周期的延长。

一级检修生产组织新模式探索。开展局管内动车所间互修，委托具备相同车型检修资质的非本动车所开展一级检修作业，运用动车组在达到一级检修周期时可不再回配属动车所检修，该模式成为动车组一级检修周期挖潜

（充分利用）及车组灵活调配新手段。

快速一级检修，从调车作业模式、检修一体化作业、制动试验分工、出库作业分工、出库联检模式等方面，重新规划生产组织流程，压缩各环节无效等待时间，实现动车组"站、所"间高效取用模式，这种模式为运行图调整、车组灵活运用提供有效支撑，在白天运营动车组上运用较多。

（2）二级检修。

随着动车组运营时间的累加，其部件会产生不同程度的磨损、磨耗、疲劳，部件技术性能呈现下降趋势，影响动车组运行安全性及舒适性。为保障动车组技术状态，运营中需对动车组各系统、零部件采取周期性深度检查、维护保养、功能检测，即为二级检修。

①检修项目。

二级检修主要采取项目管理方式，按照千米数及时间周期划分为 I2、M1、M2、M3、M4、S 几个级别。I2 修项目相比 M 修项目周期间隔短，施修内容也少得多，故其一般也可结合一级检修实施；M 修项目根据车型不同，其周期介于 I2 修与高级（三至五级）检修之间，所以 M 修项目又被划分为多个种别，同时 M 修项目施修时间较长，需有专门的班组负责实施，所以一般将施修车组扣下来，在白天检修；S 修部分项目因存在与二级检修班组生产组织较难结合或者无法在检查库内作业的问题，一般可以单独扣车实施，动车组空心车轴超声波探伤、轮辋轮辐超声波探伤、轮对修形等属 S 修项目。以 CRH380B 平台动车组为例，其二级检修各修程级别对应标准周期及涉及的主要项目举例如表 3-9 所示。此外，针对无固定周期的部件更正性维修内容，统一划分为 C 修项目，主要为部件更换类施修项目。各类维修项目可结合运用经验积累不断丰富完善。

二级检修作业项目标准通过维修卡片形式发布，一般包含维修项目、维修周期、作业时间、作业条件、作业程序及标准等基本内容。

表 3-9　　　　　　　　CRH380B 平台动车组二级检修周期及项目举例

修程	周期	主要项目举例
I2	20000 千米/20 天	撒砂装置功能测试、牵引电机检查、单辅助变流器检查、安全阀（A06）检查、客室空调滤网清洗、厨房系统检查等
M1	100000 千米/90 天	车体底架边梁橡胶金属衬托检查、空气弹簧气路部件检查、自动车钩检查、轮对检查、齿轮箱检查、制动盘检查、联轴节组成检查、自动整备试验等
M2	400000 千米/360 天	齿轮箱定期换油、过渡车钩检查与维护、受电弓下拉杆润滑、蓄电池组件检查、司机座椅支架系统润滑、电开水炉检查及零件更换、卫生间设施检查及清洁等
M3	800000 千米/720 天	车辆间跨接电缆检查、真空断路器检查及试验、主变压器油样检测、司机制动手柄电气接头（C23）检查、压力开关（L05）测试和安全阀（L06）测试等

　　二级检修施修过程中按照"周期相同、部位接近、性质类似"的原则，对维修项目进行打包组合。在计划编排中，动车组 M 修修程可用"M+修程序号"做标识。以 CRH380B 平台动车组为例，M1 修项目检修周期为 100000 千米/90 天，M2 修项目检修周期为 400000 千米/360 天，M3 修项目检修周期为 800000 千米/720 天，故 CRH380B 平台动车组一个循环周期内 M 修一般按 M1→M1→M1→（M1 +M2）→M1→M1→M1→（M1 +M2 +M3）顺序实施。另外为了方便计划编排，M 修项目允许在维修卡片注明的走行千米周期基础上提前或延后 10%安排。

　　部分动车段为做到二级检修施修项目与固有的生产组织能力匹配，减少动车组扣修频次，往往通过将工作量较为密集复杂的高修程 M 修项目分解到低修程内均衡实施，实现各 M 修施修项目工作量的平衡。以 CRH380B 平台动车组"电开水炉检查及零件更换"维修项目为例，按照维修卡片其施修周期为 400000 千米/360 天（属 M2 修项目），考虑电开水炉维修工作量过大，若在 M2 修时完成，可能导致动车组需多扣修一天，故可将该维修项目按照 100000 千米/90 天周期分车厢在 4 次 M1 修内完成，每次 M1 修完成 2 节车厢电开水炉维修任务。此类做法往往也被称作"项目均衡"。

动车组二级检修项目按其对动车组安全性能影响的重要程度由低到高分为 A、B、C 3 类。A、B、C 类在二级检修维修卡片内均有标注。A 类项目相对检修难度低，一般以外观检查、清洁为主，施修部件对动车组安全性能影响小，以客服设施为主，如座椅检查、污物箱清洁、空调冷凝器及蒸发器清洁、视频装置检查等；B 类项目较 A 类项目检修难度大，在外观检查、清洁基础上，还需采取润滑、更换、检测、调整等检修方式，施修部件对动车组安全、可靠性影响相对较大，如客室侧门（侧拉门）润滑、主空压机润滑油更换、干线绝缘测量、受电弓关节轴承润滑等；C 类项目施修部件对动车组安全、可靠性影响最大，主要以牵引、走行部核心部件为主，如空心车轴超声波探伤、轮辋轮辐超声波探伤、齿轮箱润滑油更换、牵引电机轴承加注油脂等。

动车段根据维修卡片编制二级检修作业指导书，通过现场写实验证后发布实施。二级检修作业指导书一般包括各项目作业涉及的工装物料、作业流程、部件维护要求及标准、作业安全风险提示等内容，是现场二级检修作业的唯一标准。

②检修内容。

因二级检修突出对各系统、零部件的深度维修，相比一级检修采取的以目视检查为主的快速检修方式，二级检修采取的检修方式、方法更为丰富多样，按维修方式、维修方法、维修内容复杂程度、技术水平、作业条件等的差别，二级检修作业方式一般可分为 14 类，如表 3-10 所示。

表 3-10　　　　　　　　　　二级检修作业方式分类

序号	检修方式	序号	检修方式
1	一般目视检查	8	加注
2	详细检查	9	排空
3	检测	10	更换
4	功能试验	11	修形
5	探伤	12	调整
6	清洁	13	设置
7	润滑	14	修理

二级检修作业项目内容十分丰富，一种车型二级检修项目一般在 100 项以上，如 CRH380B 平台动车组二级检修项目数量就多达 250 项左右。以下结合部分二级检修项目作业现状，对 14 类检修方式方法做简单介绍。

a. 一般目视检查。

一般目视检查主要是对内部或外部区域、装备或组件进行的目视观察，以寻找明显的损伤、故障或不正常的迹象。这种检查一般在可以接触到的距离内进行，可以在正常光线下进行，如日光、库内灯光、手电筒灯光等。为了更好地接近检查区域，有时可能需要拆掉或打开检查盖板，或者需要准备工作台、梯子等。二级检修过程中对各零部件的检修基本涉及目视检查作业，通过目视检查首先确认部件外观状态。

b. 详细检查。

详细检查是对特定的结构、装备或组件进行仔细检查，以寻找损伤、故障或不正常的迹象，通常需要借助工具、量具进行；必要时进行表面清洁处理。典型的详细检查项目有制动盘磨耗检查、联轴节组成检查、车钩压溃管敲击检查、车下构架等结构部件裂纹检查等。以下以联轴节组成检查项目为例介绍。

动车组联轴节是牵引传动系统的重要组成部分，日常二级检修中主要对其外观状态及变位量做详细检查。

外观检查：主要检查联轴节法兰接头有无泄漏；检查联轴节及螺栓，确认无裂纹、腐蚀，各螺栓、螺堵防松标记漆无脱落，若检查发现有松动螺栓，必须将成套螺栓全数更换。针对联轴节零件上较轻的腐蚀点和损坏的面漆涂层可用规定型号面漆进行修复。

变位量检查：沿联轴节轴线方向，双手用力来回推动联轴节，确认联轴节推动时波纹管不存在异响，且弹性良好；同时以联轴节法兰连接面为测量基准，测量联轴节沿轴线的变位量。以 CRH380B 平台动车组为例，联轴节沿轴线的正反方向变位量均应大于 7 mm，否则须使用风源压力不低于 600 kPa 的风枪对准波纹管内槽，沿着沟槽周向 360°进行清灰，每个半联轴节吹风持续时间不小于 2 min，直到有少量灰尘吹出为止，随后再测变位量。

　　c. 检测。

　　检测是用专门的仪器、设备、方法测试部件指定技术性能指标并判断是否符合要求。如牵引电机通风机通风量测量，蓄电池液位及电压值的测量，过分相装置信息处理器航空插头线间直流电阻测量，油样定期取样检测（包括主变压器、齿轮箱、空压机等），主变压器瓦斯气体测试，空调系统高低压数据检测，车门（包括驱动杆、限位开关、风压表、门电流等）相关数据测量，车厢烟雾报警装置检测，受电弓静态接触压力检测和弓角、滑板磨耗测量，受电弓升弓气囊、管路和阀体泄漏检测，轮对尺寸数据测量，车下设备（撒砂装置、过分相接收器和扫石器等）距轨面高度测量，车钩高度测量和空气管路泄漏检测，空气弹簧高度测量等。以下以受电弓静态接触压力检测为例介绍。

　　受电弓作为与接触网直接接触的受流部件，是动车组主供电系统的核心。受电弓的升降主要通过气压控制，其与接触网之间的接触压力值影响着动车组高压电受流品质：接触压力过大会加大受电弓碳滑板与接触网磨损程度，甚至出现断网事故；接触压力过小，将导致受流不畅，出现打火拉弧现象。为确保弓网之间保持良好的配合关系，动车所通过动车组受电弓及车顶状态动态检测系统（SJ）实现对动车组受电弓静态压力值检测，同时结合二级检修对受电弓静态压力值进行测量、调整。测量方法如下。

　　在受电弓自然升弓状态下，通过测力计（弹簧秤）钩住弓头支架位置，使受电弓匀速下降然后匀速上升。以受电弓降下时碳滑板面为基准，测量基准面以上 0.5 m 高度处、可测量的最高点（最高不超过 1.9 m）处及两者中间任一点处（选靠近中点处）的静态力。上升过程中的静态力不低于 55 N 或 65 N，下降过程中的静态力不超过 85 N 或 95 N（不同车型标准存在差异），上升及下降过程中同一高度处静态力的差值均应不超过 30 N。测得静态力不符合要求时，应做相应调整（校正），主要通过调节供风调压阀来调整静态力，部分车型还需配合专用软件进行调节。

d. 功能试验。

功能试验是一种定量的检查，以确定一个项目的功能是否在规定的限度之内。如使用磁铁对过分相触发功能检查测试，车门本地、集控开关及障碍物功能测试，监控屏（车辆信息显示器、受电弓监控装置、影视娱乐系统）调节、播放功能测试，车内客服设施（水龙头、电茶炉、厕所、SOS 旅客求助装置、座椅）功能检查，撒砂及轮缘润滑装置功能试验，前窗电热功能检查等。以下分别以撒砂装置、轮缘润滑装置功能试验为例介绍。

撒砂装置功能试验。撒砂装置作为动车组制动装置的关键部分，主要用于动车组启动和制动时增大轮轨摩擦，提高动车组制动性能，一般安装在动车组车头及中间车厢轮对边上。二级检修作业时需对撒砂装置功能进行测试：车下人员在撒砂口放置承接容器，车上人员分别在两端司机室拨动撒砂功能开关，确认撒砂启动后计时，确认规定时间喷砂量符合要求，一般为（750±250）g/min，同时接通砂粒烘干装置，确认撒砂口温度上升，撒出的砂粒连续、干燥。

轮缘润滑装置功能试验。轮缘润滑装置主要用于缓解动车组曲线区段运行时轮缘的磨耗。二级检修时通过按下电控箱测试按钮进行功能测试，检查轮缘润滑喷嘴每间隔 6 s 喷射一次，确认喷油正常且无喷射断续、不均、量少、角度不正问题；检查喷射在轮缘位置处的润滑油位置正确，量符合标准，面积适中，喷嘴距踏面（25.5±1）mm。

e. 探伤。

探伤是探测金属材料或部件内部的裂纹或缺陷。常用的探伤方法有磁粉探伤、超声波探伤、渗透探伤等，如二级检修项目中的车轴、轮辋轮辐超声波探伤。值得一提的是，关于空心车轴超声波探伤系统，目前都有与之配套的检测配件。

f. 清洁。

清洁是清除部件上的灰尘、油污等使之洁净，如动车组设备舱的清洁除尘，散热装置清洁（包括牵引变流器、变压器、电机通风机、充电机通风过滤装置等），牵引变压器清洁（表面、油管路、T 形头等），空调蒸发器、冷凝器及滤网的清洁，车门各运动部件清洁，接地装置轴端盖内部清洁，螺栓等相关紧固件防松标记擦拭，动车组监控屏（触摸屏）及受电弓监控摄像头（球罩）清洁，电茶炉内胆清洁除垢，受电弓绝缘子清洁，配电柜清洁等。以牵引变流器散热装置清洁为例介绍。

动车组运行期间，牵引变流器运转产生的热量，以变流器冷却液为介质，经空气过滤器与外界进行热量交换。动车组运行一段时间后，尤其在夏季高温时期及杨柳絮飘飞季节，空气过滤器易产生脏堵，影响牵引变流器散热，导致变流器温度升高，启动保护，输出牵引力减载或出现牵引丢失故障。根据运用经验，动车所结合二级检修对牵引变流器散热装置进行清灰及冲洗。夏季高温时期及杨柳絮飘飞季节，还需适当加密清洁周期，以确保维持变流器良好的散热状态。

随着动车组健康管理系统开发，目前，部分动车段已实现对牵引变流器散热装置实行视情维修，即通过温度数据的采集、预警阈值及维修决策逻辑设置，智能提示牵引变流器散热装置清洁时机。

紧固件指紧固两个或两个以上零件（或构件）使其连接成为一个整体时所采取的一类机械零件的总称。紧固件品种规格繁多，性能用途各异，动车组常用紧固件一般包括螺钉、螺栓、螺母等。实际工作中的紧固件连接，特别是承受交变载荷或振动的紧固件连接，受松退力矩作用可能松动回转，为便于观察紧固件是否出现松动现象，需要在紧固件安装后涂打防松标记。动车组运行环境复杂，运用一段时间后类似走行部、车顶裸露部件防松标记易被灰尘覆盖而无法清晰辨识，故二级检修期间须对走行部、车顶关键部件紧固件防松标记进行擦拭或重新涂打。

g. 润滑。

润滑是指通过加油脂等手段以减少零部件间的摩擦，以保持部件性能，避免异常磨损的检修方式，如内部手动门机构润滑，车门部件（胶条、驱动机构、滚轮齿条等）润滑，自动/半自动车钩机构润滑，受电弓关节轴承和下拉杆润滑，高压接地/隔离开关触点、刀闸润滑等。以自动车钩机构润滑为例介绍。

动车组运用期间，自动车钩因暴露在空气中，车钩表面、凸锥、凹锥和车钩锁等部位易产生氧化锈蚀，导致自动车钩活动关节卡滞，可能造成动车组重联失败或无法解编，影响动车组生产计划或动车组运行安全，故二级检修期间需对自动车钩机构部件进行重点清洁和润滑维护。

自动车钩润滑部位主要包括钩舌、连挂杆和轴承等部位。

h. 加注。

加注是指添加、充注玻璃水、润滑油、油脂、水等液体或气体以保持部件功能的检修方式，如电机轴承油脂加注、牵引变流器冷却液和空压机油补充、雨刷器玻璃水加注、蓄电池蒸馏水补充、砂箱及轮缘润滑油加注等。以牵引电机轴承油脂加注为例介绍。

牵引电机作为动车组动力传输核心运转部件，运用时间累加，电机轴承油脂出现一定程度损耗，轴承油脂性能逐步降低，故结合二级检修需对电机轴承加注油脂，以维持电机良好的技术性能。现场作业时，配合电子秤，使用注脂枪分别在牵引电机非传动端及传动端注脂口定量注入润滑脂，如CRH380B 型动车组要求每次给轴承传动端注入 30 g 润滑脂，给轴承非传动端注入 15 g 润滑脂。

i. 排空。

排空是指完全放出、排出部件容器中所容纳的气体或液体的检修方式，如空气滤清器排水、空调冷凝舱排水、开闭机构排水、车门胶条排水、污物箱排空等。以空气滤清器排水项目为例介绍。

动车组使用的压缩空气是通过空压机将大气中的空气进行压缩后储存于储风缸中，供各类通风设备使用的。空气中含有一定水分，直接使用会对动车组设备造成腐蚀，所以在动车组空压机中设置了空气干燥过滤设备，将空气中的水滴进行分离、干燥处理，分离的水滴大部分直接排至大气中，少部分会因压力原因集成至滤清器内。因为滤清器容量有限，故二级检修时，检修人员需要打开滤清器的排水阀将积水排出，防止积水过多倒灌至风管及相关设备内，导致设备锈蚀或者在极寒天气下出现冰冻，损坏管路设备。

j. 更换。

更换是指更新替换或更改调换零部件，如牵引变压器、辅助变流器、干燥器失效后的更换，空调减压阀干燥过滤芯更换，齿轮箱润滑油更换等。

k. 修形。

修形是修整零部件的形状，使之满足设计要求，如车轮踏面修形。

l. 调整。

调整是改变原有的状况，使之满足技术要求的检修方式，如车下设备（撒砂、过分相接收器和扫石器等）距轨面高度调整，塞拉门机构尺寸调整，四板（裙板、底板、顶板、盖板）锁芯、位置调整，受电弓静态接触力调整等。如塞拉门机构尺寸调整作业，动车组塞拉门作为站台旅客乘降通道，其开门、关门过程主要通过电机等机械部件、各类电磁阀、限位开关及门控器配合完成。通过机构动作，在标准位置触发各限位开关，从而实现与门控器之间信息交互及控制，保证门动作有序完成。以 CRH380B 型动车组为例，其塞拉门关门、开门主要过程如下。

塞拉门关门动作过程：当门控器收到关门信号执行关门动作时，蜂鸣器以每秒 1.5 次的频率连续发出响声，门控器发出关门指令，驱动电机向关门方向开始运转，车门在电机驱动下开始关闭。当车门运行至车门关闭位置约 300 mm 时，门控器触发"打开站台间隙补偿器"电磁阀向脚踏气缸注入压缩空气，从而使站台间隙补偿器缩回，在门页即将到达关闭位置时，触发"门 98% 关闭"限位开关之后，车门继续动作，当车门到达关闭位置时，主锁的锁舌随着门扇的塞拉动作，自动咬入门扇的凹口中达到二级锁闭状态。门关闭锁紧的同时，机械锁装置触发主锁限位开关，将门已经关闭且锁闭信号传送给门控器。在"门 98% 关闭"限位开关触发的同时，如果供应空气压力大于 450 kPa（4.5 bar），门控器会控制压力开关 B5 闭合，电磁阀 K3 阀门打开，向上下气动锁的气缸供气，上下气动锁将门锁闭，保证整车气密性。

塞拉门开门动作过程：当门控器收到开门信号执行开门动作时，蜂鸣器以每秒 0.8 次的频率连续发出响声，门控器发出开门指令，断开压缩空气装置的电磁阀，为上下气动锁气缸排气，上下气动锁通过气动装置上的弹簧力作用解锁并复位。解锁同时，门控器向解锁电机发出解锁信号，使解锁电机轴端凸轮转动 60°，将门系统主锁解锁，解锁电机转动 60° 时断电（电机转动的位置由主锁限位开关探测）。主锁解锁后，门控器控制驱动电机通过连接支撑装置带动车门沿开门方向打开，在车门刚离开关闭位置时，解锁电机再次得电激活，并继续旋转 300°，直到再次回到初始位置。当门打开约 150 mm 时，车门控制单元（DCU）触发"打开站台间隙补偿器"电磁阀向脚踏气缸注入压缩空气，从而使站台间隙补偿器打开。当车门到达完全打开位置后，驱动电机断电。至此整个开门过程结束。

动车组运行途中发生塞拉门故障将影响旅客乘降组织工作，还有可能造成动车组始发站晚点。塞拉门是动车组运行途中使用频率较高的重要部件，二级检修过程中对塞拉门的检查除一般活动机构检查、清洁、润滑及试验外，更重要的是对外门系统的主要机械部件，如主锁、辅助锁与门页间隙，主锁二级锁闭机械位置，锁钩活动余量，98% 限位开关，下摆臂滚轮与下导轨间隙等进行相应的确认及测量，对外观异常破损或结构变形的机械部件需进行更换，对位置尺寸不符合标准的应进行调整、试验。如辅助锁与门页间隙过大会导致门页钩不上，门无法关闭；若间隙过小或无间隙可能触发 3 次障碍物检测，导致门无法锁闭。检修中需对辅助锁与门页间隙进行测量调整。

m. 设置。

设置常用于软件参数的调整与设定，如镟轮后轮径数据的设置。

n. 修理。

修理是使已损坏的部件恢复原来功能的检修方式，主要指检修过程中的故障修理。

③生产组织。

二级检修作业耗时较长，一般在白天进行。二级检修作业项目施修完毕后须对动车组进行一级检修作业。动车所可结合工时及车组供给需求，科学、合理安排二级检修班组及班制。一般由专项检修组负责，还可根据专业生产需求，设置轮轴班组，负责空心车轴超声波探伤、轮辋轮辐超声波探伤、车轮踏面修形项目。

a. 专项检修组生产组织。

专项检修组内设置若干专业检修小组，实现"专人、专岗、专修"。专项检修生产以专业检修小组为单位，各小组按照分工，同步、有序实施二级检修作业项目。

b. 轮轴组生产组织探伤作业。

探伤作业主要由探伤辅助工、探伤工配合完成。探伤辅助工主要负责探伤期间动车组轴端及其附属装置的清洁、拆装作业；探伤工负责探伤设备的日常、季度性能校验及二级检修动车组车轴、轮辋轮辐的探伤、判伤作业。现场作业期间，探伤工及探伤辅助工按照"拆—探—装"有序开展流水作业。

为满足动车段动车运用车间的生产需求，提高生产效率，在该动车运用车间已配备的 U2000-G400D 型不落轮车床的技术基础上，当地动车段向设备厂家提出新型全球首台四轴不落轮车床的技术变更需求。设备厂家按照该动车运用车间的需求，提供了 U2000-G400DD 型四轴不落轮车床设备。在动车组不落轮的状态下，适用于一辆车两个转向架四条轮对踏面轮廓同时在线测量与高精度锁修，可有效消除动车组运营过程中出现的轮对多边形和等效锥度超差的现象。

其技术优势和特点在于：

适用车型范围广，能满足转向架间距在 17375～19000 mm、轴距在 2500～2700 mm 的各型车辆加工要求。能够交换位置信息并进行安全互锁，防止互相发生碰撞。

采用了全新的机床滑动轨道系统，能够保证机床轨道的畅通和安全工作。在移动过程中互相不会产生干涉和碰撞，确保机床安全。

智能化设计，四台单机既可以四轴联动加工，也可以单轴加工。

系统能根据各车型轮径差控制参数自动推荐最合适的加工数据，保证了轮对加工的经济性，提高了轮对的使用寿命。

能够进行高精度的轮对等效锥度多边形测量与计算，可以有效消除车辆运营过程中出现的轮对多边形和等效锥度超差的现象。

承继了 U2000-G400D 系列不落轮镟床已有的特点，保留了轮对自动抬平、轴箱下支撑、自动连续测量、安全保护控制、分区加工、切削防滑、切削断点返回、断电自动退刀、径跳函数测量和数据输出等先进功能。

在可靠保障行车安全的前提下，极大地减少了动车组的检修、停留时间，提高了动车上线率。该设备与轮辋轮辐探伤设备共线作业可将原 3 天时间缩短为 1 天，极大地提高了动车组使用率，对动车所极具推广价值。2018 年，当地动车段采用"LU 与不落轮袋修共线"工艺，共计完成 176 个标准组的检修，节省扣修 176 组次，在保障车轮袋修及探伤质量的前提下，解决了动车组检修需求与检查库检修能力不匹配之间的矛盾，提高了动车组上线率，直接提升运营收益约 7000 万元。

将动车组车轮镟修和轮辋轮辐探伤共线布置，使动车组轮对修形及探伤可同时开展，解决了以下问题。

利用共线互锁系统将轮对镟修、轮辋轮辐探伤工作进行有效融合，同步开展，从而提高作业效率，减少库停时间，提高动车组上线率。

将车轮镟修数据和探伤数据有效整合关联，不仅可以有效管理检修数据、指导动车组车轮镟修及探伤工作，提高镟修质量和效益，而且可以极大地提高动车自动化检修水平。

动车组相关设备（包括 ATP 和 LKJ）速度信号的来源，主要通过各类速度传感器进行采集后计算得出，简单可理解为"运行速度 =（车轮直径×轮对旋转圈数）/时间"，其中"轮对旋转圈数"通过速度传感器进行检测，"时间"来源于设备的计时模块，而"车轮直径"需要通过特定方法写入设备内。方法主要包括轮径设定和轮径校正。轮径设定指人工将轮径值写入设备内，如 ATP 列控设备轮径数据；轮径校正是部分型号动车组自带的一项功能，一般在平直线路远离分相区，动车组牵引手柄至"0"位，按照规定速度运行一定时间后便可实现轮径自动校正。

动车组轮径设定工作遗漏或设定值出错，将影响动车组测速的准确性，进而引起制动抱死、轮对擦伤等故障，给动车组运行安全及运输秩序造成不良影响。为防范该作业、管理风险，动车所在轮径数据设定、交接、校正等环节上主要执行以下措施。

轮径设定。动车组轮对更换、车轮踏面修形，牵引、制动、网络系统程序上载、软件升级及板卡更换或内置电池更新等引起动车组轮径数据变化时，在动车组上线运行前需按规定在相应系统中设定轮径数据。其中涉及电务部门 ATP/LKJ 速度传感器安装车厢轮对轮径数据变化时，动车所填写动车组轮径变化通知单，并与电务部门办理轮径数据交接手续，由电务部门在动车组上线前完成轮径设定工作；涉及动车组车辆信息显示器（HMI/MON）、中央控制单元（CCU）、制动控制单元（BCU）等设备关联车厢轮对轮径数据变化时，由动车所自行进行轮径设定工作。表 3-11 为相应的记录单。

轮径校正。动车组牵引控制单元软件升级或任一动车轮对更换后，动车组首次上线时需进行轮径数据校正。动车所填写 CRH 型动车组轮径校正通知单，首次上线时，交由随车机械师，由随车机械师通知司机进行轮径校正。校正完毕并签字确认后，交回动车所进行归档。

④辆份制配送。

"辆份制配送"指将生产所需的工具、材料有计划地、快捷地输送至生产人员手中，减少中间环节，提高生产效率，实现物料精准管控。"辆份制配送"可提高工作效率，即作业小组作业用到的工具及某个项目施修所需的材料均通过模板、工具小车等形式提前打包并粘贴标识，定置摆放。生产前作业人员可根据作业计划集中领取，避免了原先逐项核对、频繁交接的弊端，大大节约了作业准备时间。"辆份制配送"同时契合动车所对工具、材料配送、回收管理的规定，通过建立单元化作业工具、材料清单，突出按单领取、作业清点、旧件回收要求，促使作业人员在生产过程中养成良好的工具、材料管理习惯，消除工具、材料遗落在动车组上的风险。

表 3-11　　　　　　　CRH 型动车组 CCU 参考轴轮径设定记录单

≪ CRH		××××段××××所
		CRH 型动车组 CCU 参考轴轮径设定记录单

车组号：CRH _____　　　　　　　　　　轮径值下发人签字：

序号	设定日期	轮径变更车号	参考轴轮径值（mm）	设定者签字	质检员	备注

　　"辆份制配送"理念在动车组二级检修工具、材料配送方面运用较广。工具方面，如动车所按照二级检修专业检修小组、空心轴探伤作业所涉及作业内容，分别梳理工具清单，通过工具小车，实现按组集中配送；材料方面，如通过梳理空心车轴探伤、齿轮箱换油、牵引电机注脂等项目作业涉及材料，使用分区材料盒实现配件辆份配送及回收。

　　⑤季节性检修。

　　动车组是集电气、机械、网络等系统于一体的智能化大型移动装备。季节性变化对动车组相关系统部件的正常运转将会产生影响，同时不同季节旅客运输服务对动车组提出了更高的差异化要求。为此，每年动车组运用维修工作中单独设置了两次季节性检修，春运后实施春季检修，暑运后实施秋季检修（以下简称"两季检修"）。在管理中，动车段一般将"两季检修"工作视作一项"修程"，与二级检修类似，制定整修指导书并安排集中开展。

　　"两季检修"重点对空调、供风及制动管路、车体密封、给排水卫生等设施进行整修，对电气设备进行绝缘检测及通电试验，并根据季节需要更换润滑油（脂）、玻璃水等。其中为防止夏季高温天气影响，降低空调、散热设备故障率，春季检修侧重对牵引系统散热装置、空调系统、冰箱制冷设备的整治；为防止冬季低温及冰雪天气危害，秋季检修侧重对卫生间、电茶炉及餐车给水管阀、空调电加热及管路伴热功能、供风及制动管路、车下设备防松标记的整治。

"两季检修"可提升部件质量可靠性，提前防范动车组季节性安全质量隐患。"两季检修"工作分别设置在春运及暑运高峰以后，可结合整修契机迅速恢复动车组服务设施技术状态，为动车组投入下一个运输高峰做好铺垫。

⑥对二级检修新模式的探索。

各铁路局集团公司对二级检修新模式的探索，一方面在严谨的数据分析、跟踪试验基础上，通过周期延长、视情维修等方式，减少部件过度修，发挥节支降耗、提升劳动效率的效果；另一方面挖潜关键项目施修深度，推进专业化检修，提升动车组运营安全风险防控能力。以部件视情维修及专业化检修模式打造为例介绍。

部件视情维修：一般通过大数据分析及智能化系统决策手段，根据部件技术性能指标（状态），对二级检修部件开展不定期的状态检修。如针对夏季及杨柳絮飘飞季节，动车组主变压器、牵引变流器、牵引电机散热装置易脏堵引发部件"过热""减载"等问题，简单地通过二级检修周期性维护方式，无法有效杜绝故障发生，同时也造成材料、人工成本的浪费。通过对以上部件温度数据采集，结合动车组健康管理系统平台逻辑，智能、科学指导动车所开展散热装置换棉、冲洗、拆棉等维护工作，降低成本的同时，实现了对故障的精准防控。又如通过信息化平台搭建，收集动车组轮对尺寸、多边形测取数据，分析车轮磨耗规律及技术状态，决策车轮踏面精准镟修，一方面有效控制踏面镟修量，如针对尺寸及多边形数据一直保持良好状态的轮对，可适当减少轮径镟修量；另一方面针对服役期间轮对数据一直保持良好的动车组，可适当延长其镟修周期，实现镟修周期的科学调整。

专业化检修模式打造：二级检修专业化检修模式打造主要针对当前阶段二级检修施修内容精度、深度不足，检修人员专业化水准不高问题而实施。

二级检修作为系统性精准修，属于动车组一项重要的修程，仅停留在传统意义上的清洁、润滑层面是远远不够的，需要更深层次掌控动车组各部件运用状态，利用各种检测、分析手段，及时发现并消除隐性故障。

6. 客运整备作业

客运整备作业可与一、二级检修作业同步进行，包括卸污、上水、车顶绝缘子清洁、车头清洗等。

国内大部分动车所将卸污、上水设于库内，少部分动车所将之设于库外整备场，每两线设一套固定式真空卸污设备、自动上水设备，在动车组单侧作业即可。车顶绝缘子清洁、车头清洗一般采用人工擦拭的方式，车顶绝缘子清洁可通过三层作业平台登顶完成清洁绝缘子，车头清洗可通过长拖把完成。

7. 临修

临修一般指运用维修中不在一、二级检修时间范围内进行的检修，是由于某个关键部件故障或者动车组整体状态异常等，需要更换大部件（如轮对、变压器、牵引电机等）或者进行大量电气线路调试检查，维修时间较长，有时还需要配合使用架车机等特殊设备的维修方式。动车组临修故障是指动车组转向架、受电弓以及空调设施等主要零部件发生影响乘坐舒适度、运行平稳性以及运营安全等方面的临时性、突发性故障或损坏。

临修作业属动车所关键作业范畴。临修作业指导书（或相关工艺卡片）是现场临修作业的标准，临修作业指导书（或相关工艺卡片）内应明确临修部件拆装涉及作业条件、工具材料、作业流程、紧固件扭矩及相关作业风险提示等内容。

动车组临修更换转向架、轮对、万向轴、主变压器、牵引电机部件后，静态情况下无法完全确认状态，须上线跑合验证，状态正常后方可上线载客运营。

部分临修作业可在一般检修线（如检查库）实施，且不需要使用大型专用设备，通过适当延长一、二级检修时间便可完成；部分临修作业需在专用检修线（如临修线）上实施，且需要借助大型设备，需要办理单独的动车组扣修手续，在满足规定的工艺时间要求下方可完成。

动车所可根据所工作量，按照一、二级检修班组人数，按比例设置临修作业人员，部分规模较大动车所可设置临修班组，实现临修任务的集中生产组织。

临修具有工作量大、需要专业人员作业的特点，且涉及的安全质量风险较大。动车段为加强风险防范，结合配属车型特点，在临修班组内成立专业化临修小组，使项目临修人员相对固定。同时精细策划工具、物料辆份制配送，定期开展培训，提升专业化施修水平及作业效率。现阶段比较常见的有轮对更换小组、空调故障处置小组等。

动车所临修库是临修作业常用场所，临修库内配有侧移式接触网（部分动车所临修库内无接触网）、转向架更换设备、登顶平台、桥式起重机等设备设施，为轮对更换、受电弓更换、车体玻璃更换等重大临修项目实施提供便捷条件。

因临修库内部设备设施布局结构较检查库不同，侧移式接触网（无接触网区段）、转向架更换设备等关键设备是调车及临修作业中需特别注意的风险点，动车组进、出临修库及在临修库内作业须执行相关规定。

动车组进、出临修库安全事项：

动车组进、出临修库，需提前进行清道作业，重点确认登顶平台翻板处于翻起位置、转向架更换装置托架处于收回状态、侧移式接触网正常展开，临修库大门处于打开状态，确认完毕动车组才能进、出库。动车组驶出临修库后，作业人员关闭大门。

动车组进、出临修库一般有自轮运转及公铁两用车牵引（推送）两种方式。动车组自走行进临修库，司机先在临修库门口停车牌停车，作业人员使用对讲机与司机确认故障车的车号、故障位置，确认完毕后进行对位，将动车组施修位置停于相应作业工位。

针对临修库内无接触网或者侧移式接触网故障无法展开的情况，为防止受流受电弓带电滑入无网区后遭受损坏，动车组进临修库前，必须切除后车后弓以外的其余受电弓，仅升后车后弓入临修库，调车期间，要控制好受流受电弓与无电区之间距离。动车组出库时，切除前车前弓以外的其余受电弓，仅升前车前弓驶出临修库。

动车组进、出临修库时，速度不得超过 5 km/h。

车组在临修库停妥后，先切除施修动车组所有受电弓，并切断受电弓供风风阀或取出安全互锁钥匙，确保接触网与动车组的高压有效分隔，完成后在两端司机室设置红色禁动牌。作业人员在登顶平台作业时，只允许在检修平台范围内进行，严禁超出检修平台范围在车顶随意行走（库外接触网处于有电状态）。作业期间，动车组主控钥匙应由专人保管（一般为临修作业负责人），动车所调度也不得外借该车组其他主控钥匙，防止作业期间意外升弓引发触电伤亡事故。临修受电弓更换后，严禁在临修库开展升、降弓试验（库外受电弓受流后将通过高压母线将电传输到维修受电弓处）。

临修库外接触网处于有电状态，作业人员行走若超出检修平台范围会引发高压触电；作业人员车顶作业期间，若受电弓被意外升起，高压电将从受电弓通过车顶高压设备引至作业人员处，从而引发高压触电伤害。

（1）更换零部件。

由于临时故障，在临修库内完成转向架、轮对、受电弓、玻璃、雨刷器、车灯等零部件更换作业。临修库内配置了转向架更换设备、顶层作业平台、窗户检修设备以及压缩空气管道等。

（2）不落轮镟修。

由于临时擦伤等原因可在临修库内完成不落轮镟修车轮作业，或者到定期镟修时间，完成全车镟轮作业。动车组车轮踏面可简单理解为轮对与钢轨接触部位。车轮踏面外形是高速铁路轮轨关系中的关键因素，动车组运行一段周期后，须采取镟修方式对踏面进行维护，避免因长时间运营后踏面出现疲劳裂纹、磨耗超限、多边形等问题，影响动车组运行安全性及舒适性。车轮踏面修形分为计划性修形和临时性修形：计划性修形属于二级检修 S 修项目，按照项目固定周期开展；临时性修形是在正常计划外、不定期的修形作业，通常是轮对尺寸数据超差或轮对擦伤、硌伤、剥离超限等故障的临时处置。现场作业中，动车组车轮踏面修形一般采用公铁两用车牵引调车镟轮模式，镟轮作业主要由镟轮工、安全防护员、公铁两用车操作员配合完成，其中公铁两用车操作员可由镟轮工兼任。镟轮工主要负责不落轮镟床操作及动车组车轮踏面修形作业，公铁两用车操作员主要负责公铁两用车驾驶（遥控）调车，安全防护员主要负责镟轮库清道、镟轮期间两侧卡具附属装置安全确认、公铁两用车调车防护等作业。车轮踏面修形后须按要求做好轮径数据设定及校正工作。

临修库内配置了不落轮镟床设备，一般按照双轴配置。为提高生产效率，目前工程建设多将在线轮对探伤设备布置在不落轮镟线上。两个设备作业时间相当，检修周期相当，共线设备缩短了一半作业时间。动车组通过设备时限速 5 km/h。

8. 出库存车

在检查库完成一、二级检修作业后，根据调度计划，地勤司机将动车组送至存车场，等待正线司机出勤发车。为保证运行的通畅性和安全性，可将库门与信号灯进行联锁，具体做法如下。

（1）检查库出库端的第一架调车信号机与库门信号联锁。

如调车信号未开放，则库门信号不能开放。

（2）检查库出库端的第一架调车信号机显示复示给调度中心。

调度中心根据复示的调车信号机显示开放库门信号。通过联锁与复示显示，可有效解决信号错误开放问题，以及调度中心与信号楼值班员频繁进行作业的联系问题。

9. 司机、随车机械师出勤

收到调度中心出勤通知，司机在存车场上车出勤。司机一般沿动车组巡视一圈，在司机室内完成制动等试验后发车，根据列控车载设备显示运行。

10. 一体化作业管理

（1）基本情况。

动车组运用维修工作涉及多专业、多工种，这些非本专业的铁路业务部门、人员统称一体化部门、一体化人员。动车组运用维修工作涉及的一体化部门主要包括车辆、车务、机务、电务、客运、主机厂售后服务及公安等。车辆部门是动车组运用维修一体化管理的牵头部门，与其他一体化部门既分工负责又协调联动，形成动车组运用维修的一体化管理体系。

（2）一体化作业分工。

车辆部门负责按规定的修程、修制完成动车组的运用检修工作，确保修竣动车组达到出所质量标准；负责制订包括各专业作业内容的检修作业计划，明确作业时间节点，下发至各作业单位，并牵头组织实施；加强作业进度卡控，保证整体作业计划兑现；负责牵头组织动车组出所质量联合检查。

车务部门负责组织动车组调车作业，在动车所派驻车站值班员，负责编制调车作业计划、控制调车信号、车机联控、办理接发列车等工作并督促相关人员按计划执行调车任务。

机务部门负责动车组调车的驾驶作业，在动车所派驻机务派班员，负责本务司机的出退勤工作、地勤司机的调车作业及本务与地勤司机的交接管理；参加出所联检，与车辆、电务等单位交接动车组驾驶操纵设备、电务车载行车设备质量，确认动车组司机操控信息分析系统（EOAS）设备报修故障处理情况。

电务部门负责动车组的车载行车设备（如 ATP、LKJ、CIR）的检修和管理，在动车所派驻检修人员（工区），负责制订电务车载设备的月度检修计划；参加出所联检，负责与司机交接动车组电务车载设备质量及动车组司机操控信息分析系统（EOAS）故障处理情况。

客运部门负责动车组客运整备、车内保洁及影视广播内容上传工作。在动车所内派驻客运质检员，负责动车组车内保洁、整备作业的检查、监督及上部设施质量交接工作。

主机厂售后服务部门负责为动车所提供动车组技术售后保障工作，包括动车组技术改造、源头质量整治及配合故障调查分析等工作。

公安部门负责维护动车所治安秩序，保障动车所内部安全，定期参与并指导动车所开展防火、防爆演练。

根据业务管理需求，以上专业部门可按规定将部分业务外包，如动车组外皮清洗、库内吸污、构架清洗等工作。

动车组业务外包也称作委外，指委托本单位以外法人单位完成某项业务或事项。对于动车段来说，委外指委托非本段单位完成动车组、检修装备的维护维修、专项整治，不含铁路建设和更新改造项目、铁路局集团公司所属运输站段间的委托业务及动车所公司委托铁路局集团公司的运输管理业务。委外项目须具备本单位资质不具备、技术工艺达不到、场地设备条件受限、不具备经济性等因素之一，动车组关键项目不允许委外。动车组外保洁，车内保洁，吸污上水，绝缘子清洁，滤网清洗，防污闪喷涂，座椅、电茶炉和集便器检修允许委外；动车组裙底板拆装、轮对更换等关键作业不允许委外。

委外项目的确定须执行严格的审批制度。动车所在委外承接单位人员、工料、质量、评价等管理方面可参照一体化管理要求执行。

（3）一体化日常管理。

动车所结合每日一体化交班会、周故障对接会、月度联劳协作会等形式，通报各一体化专业部门日常作业中存在的问题，同时协调解决一体化专业部门之间结合部事宜，动车所无法协调解决的问题可提报并纳入动车段、铁路局集团公司联劳协作会议做进一步协调。一体化日常管理及考评点主要包括以下几方面。

①作业计划。动车所统一编制发布动车组作业计划，日检修计划涵盖参与作业单位的所有作业内容，针对类似故障排查处理、技术改造等非周期性作业计划，相关一体化专业部门提前向动车所申报，由动车所审批同意后一并纳入日检修计划公布、实施。计划申报不及时、作业计划无故取消或无计划私自作业等行为纳入月度考核。

②作业流程。动车段编制一体化作业基本流程，统一指挥各一体化专业部门按照检修流程在时间节点内安全、有序开展作业。对不按流程作业的情况由动车所在月度联劳协作会议予以通报，分析原因，提出整改措施，不断提高协同作业能力。

③安全管理。在动车所内作业的各一体化专业部门，每年均需与动车段签订安全协议，明确安全责任主体及相关安全注意事项，各部门平时须严格按照安全协议的安全管理规定执行，并做好相互监督。

④站场管理。各一体化专业部门作业人员应自觉遵守动车所站场基本管理制度，包括安保管理、环卫管理、行为规范管理、车辆管理等。

11. 合理运用维修计划

动车组运用维修计划是现场生产组织的主要依据，是保障动车所正常生产运作的基础，各生产班组及一体化作业单位根据运用维修计划分头组织、按时兑现。

（1）运用维修计划种类。

动车所运用维修计划主要包括二级检修月计划、二级检修周计划、检修日计划。

二级检修月计划是在动车组上次二级检修实绩（包括当时施修走行千米数、具体日期）基础上，按照检修周期，结合动车组平均每日运用走行千米数及运用天数而编制的二级检修月度轮廓计划。二级检修月计划的编制可促使动车所对月度二级检修生产任务进行整体把握，并为二级检修周计划编制提供参照依据，避免计划出现遗漏，同时它为二级检修工作量均衡分布、错峰实施的人为干涉提供框架思路。

二级检修周计划是体现动车所一周内二级检修生产涉及动车组及其对应施修项目的计划，相比二级检修月计划更为精确、有效及具体。二级检修周计划编排时应充分考虑车组利用率及生产组织能力，如二级检修尽量避开周末、节假日用车高峰期；周期相近的施修项目应结合起来一并施修，减少因单个项目到期引发重复扣车；在编制时还需做到每日工作量分布相对均衡以匹配检修班组生产能力等。表 3-12 为二级检修周计划示例，其中横栏序号为日期、纵栏序号为车组号，内容为对应日期、车组计划实施的二级检修项目。

表 3-12　　　　　　　　　　　　二级检修周计划示例

CRH	××段××所
	动车组二级检修周计划表

制表日期：××××年××月××日

车组号	星期一（××月××日）	星期二（××月××日）	星期三（××月××日）	星期四（××月××日）	星期五（××月××日）	星期六（××月××日）	星期日（××月××日）
CRH380D-1505					镟轮	齿轮箱取油样	
CRH380D-1506						I2	
CRH380D-1507					I2		
CRH380D-1508	1M3+LU探伤						
CRH380D-1509		LU		1M1［2］+空心轴探伤			
CRH380D-1510	1M2+牵引电机注脂	空心轴探伤					
CRH380D-1511				齿轮箱取油样			I2
CRH380D-1512			1M3				
CRH380D-1513		空心轴探伤					
……							
合计							

备注：

| 编制人： | 审批人： |

填表说明：

　　本表由动车所根据本周检修计划的完成情况，于每周五调整次周的二次检修及临修计划，经所长审批后下达，并报动车（客车）段核备。

　　检修日计划是体现动车所每日生产任务的计划，相比其他计划，检修日计划内容最为详细，包含出入所车次、出入库时间、车组号、检修股道、检修任务、调车计划及对应时间节点（包含动车组一、二级检修及电务、吸污、洗车、滤网作业、出所联检等一体化作业项目）、出所时间及车次等，同时在日计划内备注相关重点故障、临修任务、技术改造等重点及阶段性工作的说明及提醒事宜。

　　（2）计划兑现管理分析。

　　动车组运用维修计划的兑现情况在一定程度上反映了动车所在生产组织管理、应急响应管理等方面的水平，计划兑现率不高可能造成生产任务工作量滞留、堆积，出现生产组织不平衡问题，也可能导致高级修送修时间未达预期，扰乱高级修生产组织的有序开展，甚至出现计划管理遗漏等重大风险。

　　为避免上述问题出现，动车段通过出台相关规章制度来加强运用维修计划兑现管理。例如，一些动车段搭建了月度生产指标管理制度，设置动车组检运比、洗车兑现率、周末高峰二级检修率、二级检修施修周期偏离率等指标，结合各动车所配属车型、生产能力等实际情况，明确各动车所月度生产指标参数目标值，并与绩效工资联责联挂，以此促进各动车所运用维修计划编制的精准性、科学性，提升动车所对运用维修计划兑现的常态化统计、分析及自我优化提升水平。

　　（3）计划信息化手段发展需求导向。

　　近几年，随着修程修制改革不断深化，动车组修程得到进一步科学细分，部件级维修周期跟踪、调整试验层出不穷，为响应国铁集团深化铁路运输供给侧结构性改革号召，实现车辆供给与客运需求精准对接，对运用维修计划

"一日一图"精准性提出更高要求，动车所调度员在计划编制过程中兼顾因素不断累加，生产指标管控难度加大，传统的人为计划编制管控与发展形势出现不适应现象，计划信息化智能编制管理手段成为发展需求导向。目前，一些动车段已着手研发计划编制系统，旨在通过系统内模块逻辑、算法设置，实现运用维修计划自动编排最优化、生产指标管控智能化等功能。

12. 质量管理

对动车组运用检修部门来说，质量不但关系到企业的效益，更关系到广大乘客的生命、财产安全，一个小小的工艺操作失误都有可能造成巨大的危害。动车组事业发展十几年，动车段一直将动车组质量管理作为一项常抓不懈、精益求精的重点工作，并逐步形成了一套较为成熟的质量管理体系，以下就动车段质量管理框架进行介绍。

（1）质量标准。

动车组运用维修质量标准依据主要包括国铁集团公布的动车组一、二级检修标准，动车组出所质量规定，铁路局集团公司及动车段细化公布的作业指导书，运用维修相关规章制度等。

（2）质量监督。

动车段设置质量检查部门（如质量检查科），负责参与动车段质量管理体系建设，制定动车组质量管理检查办法，指导动车所质量管理业务；动车所内设置质检班组，配置质检员，负责动车组运用维修现场质量过程控制和结果确认。有些动车段将质检组从各个动车所（车间）剥离出来，单独成立车间，实现现场质量集中化、专业化及客观化管控。

动车组运用维修质量监督可分为质量控制及质量预防两大类。质量控制主要包括"三检"制度、关键作业分级盯控、动车组质量鉴定、动车组二级检修对规、出所质量联检；质量预防主要包括设备性能校验、材料配件入库校验。

① "三检"制度。

"三检"制度包括自检、互检、专检。自检就是作业者对自己的作业项目，按照作业指导书规定的作业标准自行进行检验，并做出是否合格的判断，这种检验充分体现现场作业者必须对自己作业项目质量负责的要求。互检就是作业者之间进行质量校验，包括下道工序对上道工序进行抽查、同一工序内两名作业者互相检查、作业小组长或工班长对作业者作业质量复检等。互检有利于保证作业质量，防止因疏忽大意而造成作业漏检或质量不合格等问题。专检就是由质检员进行专项质量检验。质检员在作业技术要求、自身检验技能等方面均要比生产工人专业，因此专检是自检、互检不能取代的。"三检"制度在动车组运用维修中的运用十分普遍，包括一、二级检修作业过程"四板"（裙板、底板、顶板、盖板）复位和部件拆装等质量控制环节，如一级检修中闸片更换，由更换人员自检、一级检修作业组长互检、质检员专检。

②关键作业分级盯控。

动车组关键作业指部件安全风险等级较高、影响动车组行车安全或主要控制功能的动车组检修或临修作业内容，分为关键部件更换，关键部件检测、维护，技术改造 3 类。动车组关键部件更换是指动车组车下悬吊件、高速旋转件、高速受流件以及影响行车安全的部件因故障或磨耗到限而进行的更换作业；动车组关键部件检测、维护是指对影响动车组走行性能或行车安全的部件进行性能测试、维护保养等，包括轮对轴承注脂、牵引电机注脂、齿轮箱换油、空心轴探伤、轮辋轮辐探伤、轮对镟修等；动车组技术改造包括技术变更和加装改造。

关键作业分级盯控分为全过程盯控、过程节点盯控、结果确认 3 种方式。全过程盯控是对自作业开工至作业完成的全程盯控；过程节点盯控是对作业的关键节点、重点环节以及作业结果进行盯控，包括材料工具、零部件安装、扭矩施打等工艺标准落实及部件功能状态等；结果确认是对作业完工后的状态进行确认，包括部件安装、防松防脱、部件功能状态等。

动车段根据动车组关键作业的安全风险等级、功能重要性、作业复杂程度等，将关键作业划分等级，并针对关键作业的各类等级，明确参与盯控的人员及他们分别该执行的盯控方式，实现现场关键作业质量的有序控制。

部分动车段根据动车组关键作业安全风险等级、功能重要性、作业复杂程度等，将关键部件更换，技术改造，关键部件检测、维护等关键作业从低到高划分为 A、B、C 级 3 种盯控等级。A 级卡控关键作业由作业人员自检、协同作业人员互检、质检员进行结果确认，如检修过程中碳滑板、制动闸片更换及裙板、底板、盖板拆装锁闭作业等；B 级卡控关键作业由作业人员自检、协同作业人员互检、质检员进行过程节点盯控，检修工长进行结果确认，如各类减振器、牵引变流器模块、制动夹钳装置等部件更换及齿轮箱换油、牵引电机注脂、空心车轴探伤等关键检修项目；C 级卡控关键作业由作业人员自检、协同作业人员互检、质检员进行全过程盯控，技术员进行过程关键节点指导，所长（主任）进行过程关键节点把关，如动车组轮对、受电弓、牵引变压器等重大部件更换。

③动车组质量鉴定。

动车组质量鉴定指国铁集团、铁路局集团公司、动车段质量鉴定小组及质检员对动车所配属动车组质量进行阶段性或周期性检验及评判，是质量评定和监督的有效手段。质量鉴定评价结果在一定程度上反映了动车所运用维修质量的管理水平。

国铁集团、铁路局集团公司定期开展动车组运用质量鉴定。铁路局集团公司组织鉴定时，每次覆盖所有动车所、配属车型，鉴定列数原则上不得少于 30 列，配属不足 30 列的全覆盖；动车段每月组织动车组运用质量鉴定，每季度对配属动车组全覆盖，春、秋两季整修质量鉴定可结合在内。鉴定时，每列动车组鉴定辆数不得少于编组的 50%，车头与餐车必抽，其他车辆随机抽查。

动车组质量鉴定发现的故障按照严重等级分为 A、B、C、D 4 类，其中 A 类故障主要为动车组部件外观变形、清洁不到位、车内设施相关附属配件紧固不良等对动车组安全性能无影响的较小故障；B 类故障主要涉及高压、走行部附属件松动、变形、裂纹及相关客服设施功能不完整类故障；C 类故障主要为动车组高压、走行部等关键部件缺陷超标及相关客服设施功能完全失效类故障；D 类故障最为严重，包括动车组高压、走行部等关键部件松、脱、断及类似受电弓等行车主要部件功能失效类重大故障。A、B、C、D 类每处每件扣分值分别为 5 分、10 分、20 分及 100 分。每列动车组满分为 1000 分，动车组实际得分 = 1000-鉴定辆均得分×8。

④动车组二级检修对规。

动车组二级检修对规指国铁集团、铁路局集团公司、动车段对规检查小组及动车所技术专职员、质检员等管理人员对动车组二级检修的计划、办法（指导书）、过程、质量、记录进行对标检查。相比动车组质量鉴定整体验收、结果导向的特点，二级检修对规对象只针对二级检修项目，且对规内容侧重日常管理（如二级检修计划管理、指导书内容的科学合理性等）及现场作业过程质量（如对规作业者是否按照指导书步骤、标准执行，相关台账填写是否规范等）。

国铁集团定期对二级检修 C 类项目进行抽查对规；铁路局集团公司、动车段定期组织二级检修对规检查，其中铁路局集团公司年内覆盖所有 C 类项目，动车段年内覆盖所有 B、C 类项目，铁路局集团公司、动车段每年制订年度对规计划，制订时考虑动车组重点故障情况、季节性特点等因素。

动车组二级检修对规采用百分制，90 分及以上为优秀，80~89 分为良好，70~79 分为合格，70 分以下为不及格。凡发生对规项目漏修或过期检修、人身伤害、无证上岗等问题，该项目不及格，记 0 分。对规人员应按照二级检修对规记录单内评分标准进行打分并记录对规发现的问题。

⑤设备性能校验。

设备性能校验指在动车组运用维修过程中，使用检修、维护、测量等关键设备设施进行相关检修作业时，作业者、工长、质检员等人员共同对设备性能状态、作业质量进行核准确认的过程。设备性能校验是检验动车组检修检测设备性能的关键环节，是防止设备状态不良造成检修产品质量发生批量不合格的重要手段，主要包括探伤设备性能校验（含在线移动式轮辋轮辐探伤设备、移动式空心车轴超声波探伤设备）及扭矩扳手校验。

⑥材料配件入库校验。

材料配件入库校验指对动车组新品材料配件及委外返厂检修件的质量鉴定，主要为预防存在源头质量问题的材料配件装车后引发动车组故障的风险。材料配件入库校验一般由动车所质检员及仓库管理员配合完成，即动车组材料配件运到动车所，仓库管理员在办理材料配件入库手续前，通知质检员进行校验，质检员按照规定的抽检比例对新进（返修）材料配件的合格证、型号规格、外观状态等进行质量检查，检验合格方可办理入库手续，否则应组织将不合格品返厂处理，不合格品修复返回后仍需再次进行入库检验。

⑦质量监督常见方式。

a. 标记法。指在进行动车组裙、底、顶、盖板复位，部分关键配件更换，重点项目维护等作业过程中，各级盯控人员根据关键作业确认步骤，使用不同颜色粉笔在关键部件可视部位按要求实施标记，最终形成质量卡控闭环痕迹的一种质量控制做法。其中最为常用的有"十"字标记法、"合"字标记法等。

b. 摄像视频评价。指动车段、动车所视频评价专职（小组）及相关管理人员对现场作业者、质检员及其他相关质量盯控人员作业期间利用摄像手电筒、执法记录仪等设备拍摄的影像视频进行回放、分析及评价。通过视频评价实现对作业者作业流程、标准执行情况的分析，对关键作业质量进行追溯。视频评价对象主要包括一级检修各作业号位作业过程、二级检修关键项目、接触网供断电作业、关键作业（部件更换、技术改造等）、动车组随车机械师一次出乘作业过程等。动车段根据实际需求，制定视频评价专职（小组）及相关管理人员视频评价频次、覆盖周期等要求，并制定各类作业视频评价标准。视频评价发现问题运用于对现场作业典型、惯性问题的梳理、整顿，对评定成绩不达标或存在违章违纪的进行考核，视频评价成绩往往也被作为衡量作业班组质量管理水平的依据。

c. 设备系统卡控。指利用相关检测设备及开发相关智能化系统，实现对动车组质量及作业者标准执行的管控。目前，全路推广实施的检测设备主要有动车组受电弓及车顶状态动态检测系统（SJ）、车轮故障在线检测系统（LY）、动车组运行故障动态图像检测系统（TEDS）、铁道车辆滚动轴承故障轨旁声学诊断系统（TADS）等，运用检测设备对动车组相关技术参数及运行状态的监控、报警，指导动车组检修。同时，随着科技发展，部分动车段引入手持机、电子标签、二维码、智能扭矩扳手等硬件设施，自主研发作业过程控制系统，通过生产场所网络覆盖，实现现场生产作业轨迹、图像、数据等信息自动上传、比对、卡控、评价等功能，丰富了动车组质量管理手段。

3.3 动车所 PPP 项目运营收费模式分析

目前，铁路项目的投资主体主要包括政府方和社会投资人两大类。投资主体的主要形式是铁路项目公司，在该公司治理结构中，由政府方、铁路方和社会投资人等按照股权结构承担相应的资本金出资责任。

铁路项目公司同时负担项目融资责任，并由公司控股股东具体负责。铁路 PPP 项目中，社会投资人在特殊项目的公司中占股为 51%，需要承担铁路项目的投资、融资、建设、管理等权利义务。地方政府利用地方财政资金、地方政府一般债、专项债资金，参与铁路建设项目实施，可由政府方承担全部资金筹集责任，也可由政府国有公司作为投资主体，按比例筹集资本金，采用银行贷款、发行企业债券等多元化方式融资，解决建设资金。通过引入社会投资人降低地方政府负债率，减轻政府财政出资压力，这也是铁路市场化融资的主要目的。铁路项目市场化融资需要由政府方提供较为完善的机制保障，如建立项目全过程风险的合理分担机制，在项目审批、税收政策等方面给予倾斜支持等。一系列机制保障能够为铁路市场化运营主体营造良好的市场环境。政府主导融资与市场化融资的实质性区别在于项目公司的控股权属于政府方还是社会投资人，若政府控股、社会投资人参股即政府主导融资，反之则是市场化融资。

一直以来，我国铁路建设项目融资模式主要是政府主导融资和市场化融资两种。其中政府主导融资中，也包括以国铁集团为代表的中央财政出资等。在前文的基础上，提出动车所收费的核心内容即 PPP 收费模式，按照 PPP 收费模式的原则、内容、因素确定动车所运营收费的设计思路。温州南动车所项目耗资巨大，想让政府独立完成出资比较困难，为此在建设该类项目的过程中主要采用了 PPP 模式。运营期内，收费定价的合理性能够有效确保整个项目后期取得相应的利润回报。当前各类单位进驻动车所项目缺乏积极性，如何刺激单位参与投资，并对收费模式进行科学化的管控成为政府和社会公众所关注的问题。政府和其他单位在动车所 PPP 项目中存在委托代理关系，将其他单位作为社会资本之一，通过激励约束机制，让政府和各单位成为项目合作伙伴，不仅能发挥各单位在管理以及资金方面的优势，而且能提高动车所的未来使用率。

3.3.1　动车所 PPP 项目运营收费模式设计思路

我国城镇化进程不断加剧，动车所可以为动车维修养护提供良好的运行空间和运行环境，属于综合化、智慧化、集约化的动车所建设新模式。动车所建设需要巨大的资金支持，国家迫切希望推进动车所建设，但财政能力有限使动车所建设规模仍达不到市场需求。我国 2014 年正式结束以政府举债进行基础设施建设的模式，自此 PPP 模式成为政府关注的焦点。

经国内专家、学者测算，在项目建设期，需投入大量的建设资金以保证项目的顺利实施。近年来，多项关于动车所模式建设的政策、标准的出台，为项目的发展提供较为良好的环境，吸引社会资本投资动车所 PPP 项目的建设和运营。动车所建设项目采用 PPP 模式不仅可以解决项目融资问题，而且是实现社会资源最优化配置的有效手段，更能充分发挥社会资本的运营管理能力，提高项目运营管理效率。为增大社会资本投资并入驻动车所的吸引力，发挥社会资本和各单位在管理以及资金方面的优势，提高动车所的未来使用率，如何刺激社会资本参与投资，并做好后期的运营维护工作是我们应该关注的重要问题。

国外学者 D. Martimort 和 J. Pouyet（2008）对 PPP 项目的风险和效率展开研究，指出如果企业的资产质量存在不确定性，则会影响 PPP 项目的风险承受能力，影响 PPP 项目的整体效率，进而出现效率下降的问题。Moszoro（2008）以 PPP 项目为研究对象，对 PPP 项目与公共和私营两个方面的关系进行了深入的剖析，表示在公共投资减少后，私营部分的投资就会相应地增加，项目成本也有所降低。D. V. L. Hunt、D. Nash 和 C. D. F. Rogers（2014）对动车所的发展展开研究，发现城市动车所建设能够实现城市建设的可持续发展。范恒蔚（2006）对 PPP 项目建设期、经营期的补偿开展分析和研究，在建设期的 PPP 项目的补偿主要是由公共部门补偿，在经营期 PPP 项目的补偿主要由两方共同补偿。

对国内外相关文献分析后，部分学者对 PPP 模式进行研究时都会选择制度层面展开分析，认为政府制定的相关制度会对项目的投资产生影响，由此对 PPP 项目的风险机制产生影响，进而影响 PPP 项目的收益。目前关于动车所使用者付费的研究文献较少，并没有一个较为完善的管理方法。

一是加强"路省联动、省市协同、多元参与"的投融资模式创新。以杭绍台铁路项目的实践经验为基础，进一步研究铁路建设项目，特别是跨区域铁路项目的沿线地方政府协同出资机制，将铁路项目与周边区域发展、城市经济社会发展紧密结合起来，通过定性定量模型，衡量铁路项目的综合外部效应，为地方政府决策提供支撑。

二是抓好省级铁路发展基金的实施路径。在杭绍台铁路的投融资实践中，浙江省铁路发展基金的撬动、带动作用尚未完全发挥，特别是作为省级财政参与出资的 PPP 项目，资本金筹集以及后续可行性缺口补助，均需要一定资金池与其匹配，可借鉴其他省市经验，将铁路项目的资金需求与现有资金池关联，解决缺口问题。

三是探索新的资本金来源渠道。考虑在政策中增加土地一级开发收益可用作资本金出资的用途，进一步发挥土地一级开发收益作为资本金融资的功能，也为提前回购社会投资人出资留下空间，提高对社会投资人的吸引力。

四是通过匹配沿线土地综合开发收益弥补建设。杭绍台铁路项目在 PPP 合同中约定了土地综合开发的相关事项，但是由于无法配置新增建设用地规划指标及土地指标，该开发事项尚未正式破题。要借鉴广东、四川等省经验，尝试将全省的用地指标切块直接下达给沿线地方政府，并在国土空间规划体系中提前考虑铁路综合开发规划的用地需求。

对于深化细化项目融资方案的研究，一是深入研究、科学评估铁路项目综合效益水平。铁路项目途经重要城市，对于填补区域路网空白和服务沿线民众的便捷出行有重要作用，因此该项目的预期客流量较为乐观，并可支撑整个项目的综合经济收益和投资回报水平，这一效益评价基础是编制投融资方案的基础。二是合理匹配资金结构和需求。铁路项目资金需求量大，资本金和融资部分的相互匹配是保证建设工程顺利推进的前提；运营期可行性缺口补助的及时拨付是保证项目公司正常运转的前提，需要在投融资方案以及相应的资金计划中加以充分考虑。

动车所 PPP 项目的运营费用应考虑多方利益诉求，首先，基于使用率以及融资结构，确定投资收益率，保证投资收益的稳定性；其次，根据有偿使用制度及其他相关费用的定价规定，统一说明影响因素、内容、原则等，基于实际情况进行特别对待。

1. 收费模式遵循的原则

（1）受益者付费原则。

动车所不仅可以提高城市综合承载力，还可以改善动车组运行安全性和效率。政府是动车所的最大受益者，按照"受益者"支付费用原则，政府应承担动车所部分建设费用以及运营期间维护费用。

（2）使用者付费原则。

动车所正常运营之后才能够保证发挥其应有的效用，动车单位享受着运营公司提供的基础设施和维管服务，按照使用者支付费用原则，应向运营维护公司支付维护管理费用和参与费用。

（3）协商一致原则。

动车所单位和运营维护公司协商确定动车所的有偿使用费用标准，很多地区以直接成本和空间比例法确定具体的费用标准。基于协调一致原则，各单位应根据属性特点并经过多方协商之后，确定最后的费用标准。

2. 收费模式制定的内容

（1）分摊费用构成的确定。

日常维护费，主要考虑的维护对象是设备的改造升级以及附属设备的正常运转等。在确定参与费用时，首先应该考虑配套设施的合理投资成本以及项目主体的合理回报标准，此外还要考虑单位的建设成本，动车所占用比例等因素。

（2）费用分摊主体的确定。

动车所的利用者会受益于项目而获得经济效益，政府属于动车所项目最大的社会利益的受益者，所以动车所单位和政府是运营费用的分担主体，具体的分担情况依据各地政府的财政实力、相关政策法规等因素的综合分析结果确定。

（3）费用估算方法的确定。

动车所单位是直接使用者也是其费用的主要负担主体，所以在制定动车所费用分担办法的时候，常用的分担办法有统一制定支付方式，按照比例进行分担等。我国学者对于动车所收费标准的研究内容不多，且各地的收费方法不同，其中代表学者观点和广东省动车所实际费用分担情况如表 3-13 所示。

表 3-13　　　　　　　　　　动车所项目费用分担情况

学者/项目	分摊费用
陈寿标（2005）	参与费可以一次性付清或者采用年租金的形式；运营维护费按照年度成本分担
宋定（2014）	参与费采用政府补贴，按投资者预期与单位可接受差额确定；运营维护费将按空间占比与年度收益比的平均值分摊

续表

学者/项目	分摊费用
广东省动车所	参与费根据直接成本统一征收；运营维护费将按照占用空间的比例负担一年的总运行维护费

（4）阶段性收费方法的确定。

动车所的收费定价机制不是一成不变的，需根据项目的使用情况以及具体各方面因素的变化进行灵活的分阶段性调整。第一，政府本着可用性原则以及自身的财政实况，选择社会资本，形成稳定现金流；第二，本着有偿使用的原则和行业组织共同制定各种费用，依据地区以及项目的实际情况，提出阶段性的政策意见，利用各种政策意见以及服务价格体系所收到的一系列费用成本，逐步弥补动车所建设成本；第三，对 PPP 融资模式进行进一步的创新，鼓励更多的单位投资并参与动车所项目的建设，从而获得更多的后期收益。

3.3.2　动车所 PPP 项目运营收费对策

考虑到动车所 PPP 项目参与主体的负担能力及政府的财政能力，通过动车所准公共产品属性明确化、完善一系列配套法规体系、建立多元化投融资模式、采用多种激励性手段等制定 PPP 项目运营收费对策。

1. 动车所准公共产品属性明确化

动车所不是向居民直接供应电、水、气、通信等资源的公共设备，而是供应给动车组列车的服务设施，其准公共产品属性与财政投入促进发展的常见的公共设施并不一致，动车所需要依赖政府财政投入，利用授权运营、优惠制度、市场分配等许多方式获得支持。所以，在拟定收费制度之前，为了明确各参与主体的权利和义务，需要明确定义动车所的准公共产品属性。

2. 完善一系列配套法规体系

当下，我国在有关动车所的法律规定领域的研究并不深入，造成了动车所的费用支出缺少法律保障，致使动车所的发展与经营并不顺利。借鉴动车发达国家在动车所法律制定方面的有关经验，我们需要尽早推出相应的法律规定，以此来促进动车所费用的正常收取。第一，应当明确立法的方式，界定动车所准公共产品的特质、限制、建设投入以及收费来源。第二，应当在立法的时候，对收费的范畴、条件、方式等进行明晰，并且需要考虑能够对政府资金投入、补助等产生影响的要素。

当项目的投资成本以及预期收益无法用现有价格满足时，政府使用价格补贴对企业进行补偿。

此外，政府通过无偿进行土地分配、降低贷款利息、放弃股息、授以动车所附近土地开发和商业开发所获收益的所有权以保障这一项目的商业化。

3. 建立多元化投融资模式

投融资模式会对项目进行期间的投资收益率、现金流、事业收益力等产生影响。项目单位入驻积极性、长期平稳现金流以及社会资本的合理收益在PPP制度下能够不断增加投资途径。利用政策指引、奖惩制度，来促进涵盖了动车所单位的所有投资者加入动车所建设与经营中。

首先考虑投融资的设计理念。以杭绍台铁路项目为例，其是浙江省跨地市的超大型基础设施项目，由省政府授权省级相关机构作为PPP项目实施机构；SPV公司（特殊目的实体公司）由社会资本方控股，政府方在合作期内放弃分红；国铁集团参股SPV公司并负责项目运营；通过项目经营收入和政府可行性缺口补助的合理组合，支撑SPV公司可持续运营并使社会资本获得合理投资回报；除政府可行性缺口补助外，省、市、县政府在运营期不再投入。

其次考虑投融资的边界。杭绍台铁路项目PPP合作期限为34年，其中建设期4年，运营期30年。以国家发展改革委批复的项目建设范围为基础，充分考虑政府与社会资本合作范围的科学性以及项目实际，做以下调整：①台州动车所不纳入PPP范围。考虑到台州动车所作为路网基础设施，服务整个浙东南沿海高铁网络，并且动车所没有收费机制，整个纳入项目PPP范围将增大社会资本方负担，降低项目效益，相关利益方也持有不同意见。因此仍然参照以往的投资建设模式，由国铁集团和省市政府联合实施，不纳入本次政府与社会资本合作范围。②台州存车场及走行线纳入 PPP 范围。为满足铁路运营中台州始发站安排需要，同时增加存车场及走行线投资。③车辆购置投资不纳入 PPP 范围。本项目拟采用委托铁路局集团公司运输管理模式，因此车辆配置由国铁集团负责，本次 PPP 不包含车辆购置投资。④调增耕地占补平衡费纳入 PPP 范围。增加可行性调研中未考虑的耕地占补平衡费，暂估计价。

为体现对社会资本的支持，在合作期内项目设施资产所有权归项目公司所有。由于铁路资产公共属性强，对沿线区域的综合影响大，特许经营期满后，项目公司将项目设施的所有权与运营权无偿移交给政府方。

其回报方式取决于股权结构。根据"项目按照创新投融资方式，培育多元投资主体、市场化运作的原则，由浙江省按 PPP 模式运作，积极吸引民营企业等共同筹资建设"，同时为体现省政府积极鼓励民营资本参与铁路事业发展的意见精神，本项目由民营资本控股，国铁集团、省级和相关地市政府参股，共同组建项目公司。所以回报方式为运营责任主体在运营期内可获得铁路运输收入与多元开发收入等，具备一定使用者付费基础。但该高铁项目建设投资成本高昂，只依靠经营收入难以覆盖投资成本并使社会资本获取合理利润回报。因此，设置"使用者付费+可行性缺口补助"的回报机制。同时，铁路 PPP 项目充分考虑政府方与社会资本方的运营期风险共担，结合项目投融资方案设计中的关键要素，如融资利率、通货膨胀率等，以及铁路项目运营期的列车开行对数、单组重联比等因素，设置回报调整机制。需要说明的是，铁路项目的回报调整机制设置，需要充分考虑铁路项目运营的特殊性，即高铁项目运营初期采用委托运输管理方式，列车的排图、开行对数等，均按照线路区分，纳入国家铁路收入清算机制。因此，将列车开行对数作为回报调整机制，是政府方出于分担项目公司运营风险的考虑，充分体现了 PPP 模式"收益共享、风险共担、长期合作"的基本原则。

最后考虑融资利率调整机制。该机制主要考虑降低融资基准利率的波动风险。项目融资利率相对基准利率的上浮率或下浮率应维持不变，基准利率变化时，根据其变化对项目公司收益的影响进行相应调整。

融资利率调整的触发条件：基准利率累积变动幅度达到一定水平。基准利率变动幅度在该水平之内的，则不进行调整。

融资利率调整可能导致政府可行性缺口补助金额的变动，具体情况包括：合作期内，基准利率累计变动幅度达到+25个基点以上，调增补助额；合作期内，基准利率累计变动幅度达到−25个基点以上，调减补助额；合作期内，累计基准利率变动幅度低于25个基点的，不进行调整。

为使项目公司的经营收益在一定合理范围内，设定项目超额收入分配调整机制。如果项目公司实际收入高于竞争性磋商中确定的清算机制相关收入（主要包括线路使用费、服务费、电费和接触网使用费）基准值的10%，政府方有权按60%的比例对超出部分进行分成，项目公司获得超额收入部分的40%。

4. 采用多种激励性手段

（1）经济性手段。

政府舍弃投入早期建设中的部分资金的后期收益，或有关部门在其职能范畴里对相关项目的社会资金减税或免除所得税，皆是直接性的经济手段。而凭借约定其工程运作资金的上限，能让管理者降低经营成本，提高运作把控效率，取得利润，此为间接的鼓励方法。

（2）特许经营期届满，经相关部门评定项目的运行维护监管水平达标，则优先考虑让此管理者继续运营该工程。

（3）其他鼓励方式。

授予项目运营单位享有动车所周边土地的优先开发权，激励其供给优质的商品。

凭借此类鼓励方法，既能达到全面监管其工程的综合成效，又能使社会企业取得预计的合理利益。

　　在分析的基础上，通过确定动车所 PPP 项目运营收费对策，即动车所准公共产品属性明确化，完善一系列配套法规体系，建立多元化投融资模式，采用多种激励性手段，能够吸引与鼓励动车组单位和社会资本参与投资，实现综合最大收益，为动车所 PPP 项目高效运行提供有力保障。

第4章

温州南动车所检修规模测算
及建设必要性分析

4.1　温州南动车所配属及检修规模测算

4.1.1　温州南枢纽近、远期客流预测及运输组织分析

根据浙江省内城际、长三角城际、连云港与淮安对外、胶东半岛至南京及以远、京津及鲁中至南京及以远路网客流调查及行车组织分析，温州至杭州旅客列车初期、近期及远期对数分别为 60 对/日、73 对/日及 90 对/日，研究年度内本线列车对数如表 4-1 所示。

表 4-1　　　　　　　　研究年度内本线列车对数

区段	初期	近期	远期
温州—杭州	60	73	90
杭州—温州	87	105	128

本线列车暂推荐采用 CRH380 系列动车组，其中短编组列车按 8 辆编组、定员 600 人/列计，长编组列车按 16 辆编组、定员 1200 人/列计。

依据《高速铁路设计规范》（TB 10621—2014），本线列车通过能力可表示为：

$$N = \frac{1}{I}\left(1440 - T_w - \frac{60S}{V}\right) \tag{4-1}$$

$$N_G = \frac{N}{\varepsilon_G} \tag{4-2}$$

$$N_G^u = N_G K_S \tag{4-3}$$

式中，N ——平行运行图通过能力（对/日）；

T_w ——综合维修天窗时间（min），本线设计取 $T_w = 240$ min；

I ——列车追踪间隔时间（min），本线计算能力近、远期按 $I = 5$ min 设计计算；

S ——客运区段长度（km）；

N_G——全高速列车的区段最大通过能力（对/日）；

N_G^u——全高速列车的区段使用能力（对/日）；

ε_G——高速列车使用扣除系数，本线设计计算取 1.5；

K_S——区间通过能力使用系数，本线设计计算取 0.8；

1440——日分钟数（min）。

根据本线列车研究年度内旅客列车开行对数 N_K 及全高速列车的区段最大通过能力 N_G，列车通过能力利用率 κ 可表示为：

$$\kappa = \frac{N_K}{N_G} \tag{4-4}$$

温州至杭州旅客列车初期、近期及远期对数、本线列车通过能力及能力利用率计算结果如表 4-2 所示。

表 4-2　　　　本线列车对数、通过能力及能力利用率计算结果

年度	区段	列车对数	通过能力（对/日）		使用能力（对/日）	能力利用率（%）
			N	N_G	N_G^u	
初期	温州—杭州	60	231	154	123	49
	杭州—温州	87	238	158	126	69
近期	温州—杭州	73	231	154	123	59
	杭州—温州	105	238	158	126	83
远期	温州—杭州	90	289	192	153	59
	杭州—温州	128	298	198	158	81

从表 4-2 可以看出，本线列车研究年度内温州—杭州旅客列车初期、近期及远期能力利用率分别为 49%、59% 及 59%，通过能力富余量充足，在研究年度内满足铁路运输需求。

同时对旅客运输需求的适应性进行分析。本线研究年度内旅客运输需求适应情况如表 4-3 所示。从表 4-3 可以看出，本线设计能力满足近、远期运输需要，且有一定的富余。

年度	区段	列车对数	输送能力 （万人/年）	预测客运量 （万人/年）	能力富余 （万人/年）
初期	温州—杭州	60	3412	1207	+2205
近期	温州—杭州	73	3412	1486	+1926
远期	温州—杭州	90	4244	1889	+2355

表 4-3　　　　　　　　　　　　研究年度旅客运输需求适应情况

本线设计能力满足研究年度运输需要，且有一定的富余。若运量进一步增长，可采取增开长编组列车等方式，提高输送能力，远期以后随着移动设备的发展也可缩短追踪间隔来增加输送能力。

4.1.2　温州南动车所配属及检修规模测算

1. 温州南动车所基本情况

2007—2018 年，我国高速铁路飞速发展，实现了量与质的共同飞跃。2018 年年底，拥有最长的高铁里程、最高的动车组交路开行密度、最复杂高铁运营网络的中国高铁，里程已占世界总里程的 2/3。高铁成为旅客主要的出行方式，已累计运送旅客超过 90 亿人次。

近年来新线开通建设密集遍布各省市。根据官方报告，目前全路铁路局集团公司拥有动车组 3290 标准组，与 2007 年的 105 组动车组相比，激增了逾 30 倍。面对我国高速铁路如此迅猛发展的态势、庞大的动车组保有量，对降低维修成本、减少人力资源投入的要求更加迫切。动车组修程修制最初以引进的国外标准为基础，技术人员在引进之初持有以绝对安全为导向的保守态度。经过近几年的飞跃发展，大量智能化检修设备设施投入、先进的检修理念运用以及风险防控措施实施，虽多次修订优化，但标准与检修现场脱节的问题仍然突出。在经过运用实践以后，现场检修人员普遍认为动车组运用维修很多方面需要进行进一步优化完善。

目前温州南动车所面临咽喉调车股道限制、检修设备设施制约、一级检修频次过高等方面的诸多问题，导致作业人员检修作业时间长、劳动强度大和劳动效率不高。目前温州南动车所总规模为检查库线 12 条，存车线 48 条，人工洗车线 4 条，其中实施检查库线 8 条、存车线 32 条。存车场与检查库间中部咽喉设 2 台洗车机，中部咽喉西侧夹心地设生产生活房屋。动车走行线共 8.64 km，基本可满足 50 列动车组检修。若出现温州客运线路新开行、新车配属，尤其是外段动车组临时入库处置故障等情况，动车所检查库的生产组织紧张，影响库内检修作业。动车所检修设备方面制约因素短期内尚不能有效解决，因而动车所从优化各型动车组一级检修流程、检查工艺，压缩作业时间等方面解决动车所生产组织的问题十分必要。

影响动车所整体布局及规模大小的两个重要因素是枢纽内配属动车组数量、动车组检修工艺方式及配套设备实施。动车组修程修制模式见图 4-1。

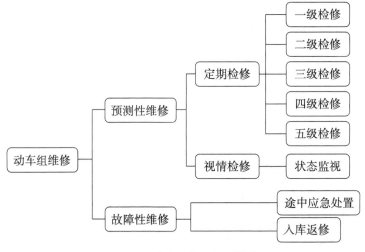

图 4-1　动车组修程修制模式

其中一级检修主要有 10 项作业内容，具体内容如下。

（1）动车组外皮清洗保洁。

动车组当日终到车站调车进入检查库前需要通过动车组洗车机进行外皮清洗作业。

（2）动车组吸污、上水。

动车组通过洗车机后，在存车场或检查库进行吸污、上水整备作业。

（3）动车组转线入库。

动车组转线入库进行一级检修作业。当检查库内作业车组满足饱和量时，动车组在存车场降下受电弓后断电暂时存放。

（4）检查库接触网断电。

在操作员和安全员的配合下对检查库内接触网断电作业，便于作业人员登顶检查车顶设备及受电弓。

（5）动车组放电作业。

动车组在接触网断电后进行车组放电作业，其中 CRH1A、CRH3A、CRH380D 型动车组的放电方式为自然放电 10 min；CRH2A、CRH380A 型动车组的放电方式为升起受电弓，闭合主断路器放电 1 min。

（6）动车组无电检查。

一级检修无电作业包括车顶部件及高压部件检查、车底部件及转向架检查、三电无电作业检查、外皮补洗和车内保洁作业等。

（7）接触网供电。

一级检修无电作业结束后，接触网供电便于后续开展有电作业及调车出库。

（8）一级检修有电作业。

有电作业内容包含动车组有电试验、车内检查、两侧检查、三电有电检查。

（9）联检。

由车辆部门牵头协同一体化作业单位（机务、电务等部门）人员进行联检作业。

（10）转线出库。

由动车组司机在联检作业结束后将动车组调车停放在指定位置。

参考华东地区动车所，百万千里故障率是反映动车组运行情况比较直观的一个数据，即某既定车型或所有车型每月下发安监报总件数与动车组运行总里程（单位百万公里）比值。比值越小表示动车组运行故障率越低，质量越平稳。动车所配属各型动车组百万公里故障率总体呈下降趋势，举例来说：尤其 CRH3A 型动车组百万公里故障率从 2018 年 1 月的 7.01% 降到 2018 年 12 月的 0.39%。动车所配属主要车型百万公里故障率趋势见图 4-2。

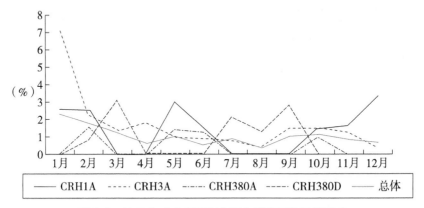

图 4-2　2018 年动车所配属主要车型百万公里故障率

随着我国计划开行的动车组列车数量逐年大幅度增加，既有动车组检查库检修能力不足与动车组日常检修需求剧增之间的矛盾日益突出。目前，动车组一级检修作业主要采用传统的人工视觉对动车组实施快速例行检查和故障处理，存在检修范围广、过程烦琐、效率低下和作业盲区多等问题。大部分检修项点依赖作业人员的经验判断，且检测数据多，但为信息孤岛，无法与既有自动化检测设备检测数据之间实现互联互通。

在长达 20 min 的接触网断电、作业准备后，动车组开始无电—有电的一个作业过程。其中动车组检修过程的设备质量检查、一体化三电作业、车顶瓷瓶擦拭、滤网和端部清洗等作业项目同步开展，约耗时 90 min。在作业进展顺利的情况下，整个一级检修耗时大约 120 min。若出现需排查重大故障或其他平行作业内容未同步完成的情况，如辅助作业人员未及时登顶擦拭瓷瓶或更换滤网等，动车组一级检修作业时间延长。经现场统计，华东地区动车所夜间一级检修库内作业时间平均为 150 min 每标准组，超时情况主要为磨耗件更换、重大故障处置、辅助作业未完成等。动车组股道占用时间较长，影响下一列动车组入库检查。

要测算其检修规模，需考虑一级检修生产组织效率。调研发现现有动车所存在以下问题。

（1）设备设施不合理，影响调车入库一级检修。

一是 DC I 场至 DC II 场间调车咽喉限制。咽喉作用发挥不佳，调车能力不足。二是检查库内无法吸污上水。检查库未安装吸污上水设备，导致动车组在入库一级检修前，需在存车二场停留 20 min 进行吸污上水；同时，相比库内吸污上水作业增加了动车组司机调车作业准备时间（含领取作业任务至上车完成例行试验整个流程）至少 20 min。三是部分临修故障因地面电源、二层平台等原因，需根据故障调整入库股道，影响夜间生产计划。四是八里站入库轮对检测装置设置不合理。经八里站入库动车组一级检修时，须通过安装在 DJ9 线上的轮对检测装置，然后途经存车一场转存车二场入库，调车时间增加 40 min。

（2）辅助作业或其他原因导致一级检修总体时间延长。

受库内地勤司机调车作业影响，领取作业任务至上车完成例行试验后完成调车准备，需 20 min 以上。其他平行一体化作业单位需同步作业时，协作联动不到位，导致一级检修作业时间延长。

（3）工作时间长，强度大。

目前作业标准规定检查内容过全、过细，要求过高，检查需花费较长时间，如一级检修动车组组均作业时间达 2~3 h，夜间一级检修专检小组夜间作业时间可达 8 h 以上。

（4）夜间一级检修磨耗件更换数量较多，延误一级检修作业时间。

夜间一级检修检查发现制动夹钳闸片、研磨子和受电弓碳滑板磨耗近限或超限需更换时，专修组人员需领取材料、准备工具等，造成无电作业超时，长时间占用股道。

同时对以上问题做出优化，在实现提质增效的目标过程中不断优化现场生产组织与完善质量风险卡控，可以采取如下措施。

（1）检修分离。

作业人员检修分离对提高一级检修班组故障处置能力及效率有显著作用。检修分离后分工明确，专检组、专修组业务人员"术业有专攻"，经过针对性、适应性培训后，作业质量、作业效率均有明显提升。

（2）最小作业单元模式。

一级检修班组以 1、3、4 号位 3 人形成最小作业小组，其中 1 号位负责车顶检查、有电试验及车内检查，3、4 号位负责地沟检查及两侧检查。多个专检作业小组共用 1 个辅助人员负责配合检查受电弓时的升、降弓操作，即传统模式一级检修中的"2 号位"。在一级检修既有人员组织方式下每个班组可以多出 3 人参加故障处置，剔除冗余，补强短板，优化人力资源配置。

（3）两小组作业并行模式。

当夜间动车组集中入库时，"两小组并行作业"可以减少动车组一级检修作业时间，即两个作业小组同时对动车组进行无电检查，理论上可节省一半无电检查时间，从而减少动车组库内股道占用时间，让后续入库检修动车组能按计划顺利进行检修。

（4）集中指挥一级检修班组。

夜间一级检修为两个检修班组根据一级检修数量进行分工派工作业，往往一个班组工作完成时，另一个班组还有部分一级检修未进行作业处于空闲状态，造成无谓的等待浪费。当夜间一级检修激增时，班组间结合部协调存在脱节或失真，也会造成作业等待时间过多。为此，通过整合资源，夜间一级检修由调度室集中指挥。由于每个班组的作业小组数量有限和动车所内作业车组检查库的占用，不是每个作业车组回库后都能立刻进行一级检修作业。因此，使用调度集中指挥一级检修作业小组，通过整合两个班的作业小组资源，达到提高效率的目的。实行夜间一级检修调度室统一指挥一级检修班组后，入库检修动车组检修进度明显加快，有利于动车组准点出库。

（5）底板梯次化检查。

由于动车组一级检修地沟车下作业要求检查的项点和内容太多，职工劳动强度大，且为了在规定的时间内完成作业容易出现漏检，所以针对该现象，对动车组一级检修作业指导书进行优化，制定一级检修动车组底板检查的内容分包，按车辆划分，梯次检查，周期覆盖。具体方案如下：

将动车组一级检修无电作业内容中底板检查分为 5 个检修作业包，分别为 10、11、12、13、14。10 包对全列底板进行检查；11 包检查 01、02 车的底板，依次类推。

（6）成立磨耗件专项更换小组。

长期统计动车组运行里程与磨耗件剩余厚度的数据，经系统分析得出结论，指导现场磨耗件更换，提高劳动效率。例如，动车组每万千米磨耗率小于 0.4 mm 的占 80%，每个二级检修修程的磨耗量小于 1.2 mm 以内的占 80% 以上。为了节约成本，同时预防安全隐患的发生，提升二级检修闸片的更换标准，CRH380A 型动车提升到 6 mm，拖车为 7 mm（一级检修标准与规程为 5 mm，前期为减少一级检修作业闸片更换数量，将二级检修更换标准提高到 7 mm，但成本浪费较大）。此外，为了消除隐患，减少对一级检修的干扰，组建闸片专修小组。该小组以闸片磨耗统计预测为主要依据，辅以闸片智能检测系统（LVT）预警，在一级检修作业时对闸片进行专人更换。该措施降低了动车组二级检修集中更换造成的闸片浪费，同时又杜绝了常规一级检修临时更换带来的风险与对一级检修无电作业时间的延长，利用信息化手段提高劳动效率，降低安全风险。

（7）源头质量管控。

一是源头质量识别方面。针对 CRH3A 型动车组现场故障率较高、行车隐患大的部分系统，动车段根据故障统计分析、现场技术人员反馈等方式，利用各级源头质量对接会提报源头整治项目共计 142 项，已完成 103 项，正在开展 14 项，正在研究方案待批复 25 项，整治完成率 72.5%。2018 年 CRH3A 型动车组在源头质量整治大量实施的情况下，百万公里故障率由 7.01% 降低至 0.39%，动车组运行品质得到了明显的提升。二是成立加装改造小组。动车段成立科室、车间和现场三级加装改造管理模式，科室设置 2 名技术人员、车间设置 2 名技术员主管、班组设置 7 人现场专管，对接工艺方案、作业计划审批、现场盯控，确保加装改造工艺标准落实、过程质量管控和结果复查完全可控，有效防控了加装改造带来的次生风险和保证了加装改造相关工艺落实到位。

2. 枢纽内动车组配属测算分析——全周转时间法

动车组是国内旅客运输的主要载运工具，枢纽内动车组配属数量直接关系着能否满足铁路运输需求及运维实施的配套规模。现阶段，铁路开通运营后承担动车段（所）配属动车组数量主要根据实际列车运行图来准确计数确定。但在枢纽内铁路规划及铁路设计时期进行动车组配属规模测算时，往往面临列车运行图绘制复杂困难及预测准确性差等问题。因此，结合目前各铁路设计单位在动车组配属规模测算方面的设计经验及传统理论计算方法，本书总结提出了基于动车组日车千米数及全周转时间的两种承担动车段（所）动车组配属数量测算方法。

这里采用全周转时间法计算。根据动车组全周转时间分析计算，动车组枢纽内配属动车组数量包括运用动车组数量、检修动车组数量及备用动车组数量之和，表示为：

$$N_{配属} = N_{运用} + N_{检修} + N_{备用} \quad\quad (4-5)$$

式中，$N_{配属}$——动车组枢纽内配属动车组数量（列）；

$N_{运用}$——运用动车组数量（列）；

$N_{检修}$——动车组二、三、四及五级检修在检动车组数量和（列）；

$N_{备用}$——备用动车组数量（列）。

根据动车组运行全周转时间计算枢纽内运用动车组数量，动车组日运行时间按 18 h 取值，则枢纽内运用动车组数量可表示为：

$$N_{运用} = \frac{T_{总}}{18} \quad\quad (4-6)$$

$$T_{总} = T_h + (T_s + T_z) \times (1 + \alpha) \tag{4-7}$$

$$T_h = \cfrac{\sum_{j=1}^{n} \cdot \left[\left(\cfrac{C_i}{D_1} - \cfrac{C_i}{D_2} \right) T_1 + \cfrac{C_i}{D_2} T_2 \right]}{3} \tag{4-8}$$

式中，$T_{总}$——枢纽内运用动车组全周转时间和（h）；

18——动车组日运行时间（h）；

T_s——枢纽内全部开行动车组日旅行时间之和（h）；

T_h——动车组一、二级检修作业时间和（h）；

T_z——动车组在站停留时间（h）；

D_1，D_2——动车组一、二级检修定检千米数（km）；

T_1，T_2——动车组一、二级检修停时（h）；

C_i——对应交路内动车组日走行千米数（km）；

j——动车组交路编号。

其中，对于动车组在站停留时间 T_z，结合铁路客运专线及提速线路设计工作经验，根据动车组运用交路长度 L_j 的范围，给出如下参考取值：

$$T_z(L_j) = \begin{cases} 0.5\ h, & L_j < 500\ km \\ 1.0\ h, & 500\ km \leqslant L_j \leqslant 1000\ km \\ 1.5\ h, & L_j > 1000\ km \end{cases} \tag{4-9}$$

考虑到现阶段铁路部门进行日常一、二级检修时是采用分时作业方式的，其中一级检修主要集中在夜间（21：00—8：00）时间段进行作业，二级检修主要集中在白天进行作业。结合目前《铁路动车组设备设计规范》（TB 10028—2016）及动车组检修规程，一、二级检修停时较短，因此检修动车组列数主要包括三、四及五级检修在修动车组数量和，即

$$N_{检修} = N_3 + N_4 + N_5 \tag{4-10}$$

根据各级修程定检千米数与对应检修停时系数，动车组一至五级检修在修动车组数量可分别表示为：

119

$$N_i = \begin{cases} \sum_{j=1}^{n} \cdot \dfrac{\beta R_i}{365} \times \dfrac{S_j}{D_5}, & i = 1,\ 2 \\[3mm] \sum_{j=1}^{n} \cdot \dfrac{\beta R_i}{250} \times \dfrac{S_j}{D_5}, & i = 3,\ 4,\ 5 \end{cases} \tag{4-11}$$

式中，β——动车组检修不均衡系数（或称为波动系数）；

S_j——枢纽内对应交路动车组年走行千米数（km）；

D_5——动车组五级检修定检千米数（km）；

250——动车组大修（三、四、五级检修）年检修工作天数（d）；

R_3、R_4、R_5——动车组三、四及五级检修停时系数。

检修停时系数 R_i 表示为检修次数 k_i 与检修停时 T_i 的乘积，即

$$R_i = k_i T_i (i = 1,\ 2,\ \cdots,\ 5) \tag{4-12}$$

其中，检修次数 k_i 以一个五级检修定检千米数为计算循环周期，分别计算各检修等级检修次数 k_i 为：

$$k_i = \begin{cases} 1, & i = 5 \\[2mm] \dfrac{D_5}{D_i} - \sum_{i=1}^{4} k_{i+1} \end{cases} \tag{4-13}$$

国内动车组检修周期可分别根据配属车型进行检修停时的参数计算，其中 CR400AF/BF 平台动车组根据国铁集团 2020 年 2 月发布的三级检修规程中规定三级检修周期暂以运行（120 +12）万千米或运行 3 年以先到为准，同时根据指导意见，高级检修里程周期上限将分阶段逐步延长至 165 万千米。本书以 CRH3 及 CR400AF/BF 平台动车组定检千米指标进行计算。各检修等级检修停时参数如表 4-4 所示。

表 4-4　CRH3 及 CR400AF/BF 平台动车组各检修等级检修停时参数

检修等级	定检千米数	检修停时	检修次数	检修总停时
一级检修	0.4 万	4.0 h	960	3840 h
二级检修	2 万	4.5 h	236	1062 h
三级检修	120 万	30 d	2	60 d

检修等级	定检千米数	检修停时	检修次数	检修总停时
四级检修	240 万	45 d	1	45 d
五级检修	480 万	50 d	1	50 d

枢纽内备用动车组数量一般可按运用动车组数量乘备用率进行计算：

$$N_{备用} = N_{运用} \times \zeta \qquad (4-14)$$

式中，ζ——动车组备用率（或称预留率），新线设计中一般情况下，$\zeta = 0.06$。

结合目前国内铁路部门备用动车组配属情况及分布规模，全路备用动车组数量很少，备用率总体小于 0.06，个别铁路局动车组备用率略高于 0.06。

3. 枢纽内动车组配属测算分析——日车千米法

新建高速铁路设计一般应结合枢纽内客流及行车组织情况。由于动车组平均日走行千米指标保守取值，因此不考虑检修动车组数量。根据动车组日走行千米数计算新建铁路本线枢纽内新增配属动车组数量，其为运用动车组数量与备用动车组数量之和：

$$N'_{配属} = N'_{运用} + N_{备用} \qquad (4-15)$$

其中，运用动车组数量 $N'_{运用}$ 可表示为：

$$N'_{运用} = \frac{S_{运}}{C} \qquad (4-16)$$

式中，$N'_{运用}$——运用动车组数量；

$S_{运}$——本线枢纽内新增配属动车组日走行千米数（km）；

C——本线枢纽内动车组平均日走行千米指标（km）。

该测算方法称为"日车千米法"，其中最重要的是新建线枢纽内动车组平均日走行千米指标 C 的确定，直接关系着近、远期动车组配属及检修运维设施的布局和规模，需结合新建线枢纽内铁路技术标准、动车组乘务交路长度、配属动车组类型、设计及运维经验数据综合分析确定合适的平均日走行千米指标。

4. 枢纽内动车段（所）检修规模测算

动车段（所）动车组检修工作量主要包括动车组存车任务、日常维修及高级检修 3 部分内容。其中，配属动车组存车任务主要设施包括动车组存车股道及配套洗车检测监测设备等，动车组日常维修及高级检修任务分别由对应一至五级修程动车组检修库及配套设备设施承担。动车段（所）检修规模测算需结合枢纽内动车组运输组织方案及动车组检修定检标准计算检修工作量，从而科学合理地确定动车组存车场、日常维修和高级检修厂房布置及配套设备设施。

根据国内动车组各修程定检千米及枢纽内对应交路动车组日走行千米数，动车组一至五级对应修程年检修工作量可表示为：

$$H_i = \begin{cases} \sum_{j=1}^{n} \dfrac{C_j}{D_i}, & i = 5 \\ \sum_{j=1}^{n} \dfrac{C_j}{D_i} - \sum_{i=1}^{4} H_{i+1}, & i = 1, 2, 3, 4 \end{cases} \qquad (4-17)$$

枢纽内动车段（所）动车组检修库线数 n_j 分别为一、二、三、四及五级检修对应检修库线数 n_{ji} 的和。

$$n_j = \sum_{i=1}^{5} n_{ji}', \quad j = 1, 2, \cdots, 5 \qquad (4-18)$$

式中：

$$n_{ji} = \begin{cases} \sum_{j=1}^{n} \dfrac{R_i}{\alpha \times 365 \times 12} \times \dfrac{S_i}{D_5}, & i = 1, 2 \\ \sum_{j=1}^{n} \dfrac{\beta R_i}{\alpha \times 250} \times \dfrac{S_i}{D_5}, & i = 3, 4, 5 \end{cases} \qquad (4-19)$$

式中，α——动车组检修库线的设备利用率系数，经验取值 0.85。

接下来对动车组存车线数进行测算。动车段（所）存车场一般有占地面积广、存车线数量多及走行线长等特点，因此动车组存车线规模确定及布置形式直接关系着整个动车段（所）平面布局。存车线数 n，主要由枢纽内除去一至五级检修各修程检修动车组数（$N_{检修} + n_{j1} + n_{j2}$）之外的所有配

属动车组数 $N_{配属}$ 决定，包括运用动车组数量 $N_{运用}$ 及备用动车组数量 $N_{备用}$，表示为：

$$n_e = N_{运用} + N_{备用} - n_{j1} - n_{j2} \tag{4-20}$$

取一级检修库线数 n_{j1}，考虑除去本枢纽内动车组是否存在外段（所）过夜的动车组数量 $N_{外}$ 及备用动车组 $N_{备用}$ 存车线数 n_0（ $n_0 = N_{备用}$）。因此在设计中上式动车段（所）存车线数 n_e 可修正为：

$$n_e = N_{运用} + N_{备用} - n_{j1} - N_{外} + n_0 \tag{4-21}$$

科学规划布局动车所工艺设计及配属动车组数量是实现铁路高效运输及科学运维的重要保障。

5. 温州南枢纽动车组配属量测算

根据温州南枢纽近期（2035 年）及远期（2045 年）动车组开行方案，采用动车组配属数量全周转时间法计算得到近期配属动车组数量为 64.39 列，远期配属动车组数量为 78.95 列。采用日车千米法得到近期运用动车组数量为 52.87 列，远期运用动车组数量为 64.72 列。结合枢纽内动车组配属规模日车千米法，同时分析计算两种测算方法结果的误差百分数：

$$\Delta = \frac{N_{全周转时间法} - N_{日车千米法}}{N_{全周转时间法}} \times 100\% \tag{4-22}$$

式中，$N_{日车千米法}$——采用日车千米法计算的动车组数量；

$N_{全周转时间法}$——全周转时间法计算的枢纽内动车段（所）配属、运用、备用及检修动车组数量。

针对温州南枢纽近、远期动车组开行方案，分别根据全周转时间法及日车千米法两种方法计算分析可知，日车千米法在不考虑检修动车组数量前提下计算的运用动车组数量及备用动车组数量比全周转时间法计算结果偏大约 41%，配属动车组数计算结果偏大约 20%。鉴于此，在采用日车千米法时，在新建高速铁路动车组配属设计及枢纽内客流预测中适当调整枢纽内动车组平均日走行千米指标。

6. 动车组运用设施检修能力分析

根据温州南枢纽路网规划及开行动车组的实际需求，温州南枢纽动车运维需求将不断增加。分析计算温州南枢纽内近期及远期动车组一至五级对应修程年检修工作量如表4-5所示。

表 4-5　　　温州南枢纽近、远期动车组年检修工作量（列/年）

年检修工作量	一级检修	二级检修	三级检修	四级检修	五级检修
近期	10777.06	2649.36	22.45	11.23	11.23
远期	13344.33	3280.48	27.80	13.90	13.90

利用全周转时间法计算枢纽内近、远期动车组检修及存车列位数，如表4-6所示。从表4-6可知，枢纽内远期（2045年）动车组一级检修列位及存车列位数分别为14.34及72.04。

表 4-6　　　温州南枢纽近、远期动车组检修及存车列位数（以长编组计算）

检修及存车列位数	一级检修	二级检修	三级检修	四级检修	五级检修	存车列位数
近期	11.58	3.20	3.49	2.62	2.64	58.84
远期	14.34	3.97	4.71	3.53	3.92	72.04

分别采用全周转时间法、日车千米结合经验测算法，根据温州南枢纽近期（2035年）、远期（2045年）动车组开行方案，分析计算温州南枢纽内近、远期运维检修需求，动车组检查列位、检修列位及存车列位等运维检修设施如表4-7所示。

由表4-7可知，针对一、二级检修，枢纽内近、远期动车组检修需求分别为11.58列位及14.34列位，根据温州南枢纽既有设施现状——12检查列位，可知温州南枢纽近期动车组运用检查设施能力已趋于饱和，检查列位缺口为-0.42列位，远期枢纽内动车组检查列位缺口为2.34列位，动车组检查列位缺口较大，既有检查设施能力紧张。针对三、四及五级检修，近、远期枢组内动车组检修需求分别为 8.75 列位及 12.16 列位，既有温州枢组内暂无配套动车组检修设施，根据动车组检修远期缺口 12.16 列位分析，远期温州南枢组动车组检修能力严重短缺，同时枢组内动车组存车设施近期缺口为 -0.16 列位，现阶段已逐渐趋于饱和，远期缺口为 13.04 列位，缺口较大。其中动车组检查列位规模参照一级检修列位数进行计算。

综上分析，既有温州南枢组内近、远期动车组检查及存车能力设施逐渐趋于饱和，远期动车组检查设施能力紧张，检修设施能力严重短缺，存车停车场地不足。本次研究分析根据温州南枢组列车开行对数预测、行车方案及运输组织安排，在温州南动车所规模设计中采用全周转时间法、日车千米结合经验测算法的测算方式，但在现阶段实际设计中主要参照设计规范、经验数据及国内设计经典案例执行。

表 4-7　温州南枢纽近、远期动车组检查、检修及存车列位数（以长编组计算）

项目			配属动车组数量	动车组检查列位 一、二级检修列位	动车组检修列位			动车组存车列位
					三级检修列位	四级检修列位	五级检修列位	
全周转时间法	运维检修需求	近期	64.36	11.58	3.49	2.62	2.64	58.84
		远期	78.91	14.34	4.71	3.53	3.92	72.04
	运维检修缺口	近期	-24.64	-0.42	3.49	2.62	2.64	-0.16
		远期	-10.09	2.34	4.71	3.53	3.92	13.04
日车千米结合经验测算法	运维检修需求	近期	78.25	15.65	—	—	—	78.25
		远期	96.87	19.37	—	—	—	96.87
	运维检修缺口	近期	-10.75	3.65	—	—	—	19.25
		远期	7.87	7.37	—	—	—	37.87

站在远期枢组建设角度考虑，设检查库线 12 条，存车线 48 条，人工洗车线 4 条，其中实施检查库线 8 条，存车线 32 条。存车场与检查库间中部咽

喉设 2 台洗车机，中部咽喉西侧夹心地设生产生活房屋。动车走行线共 8.64 km，另预留 12 条，远期另预留 4 线检查库线。此外，动车所预留扩建高级检修条件。动车组作为多种高新技术结合的产物，其检修内容是多系统的。对于我们来说，其是全新事物，必须充分利用科学合理的规划设计方法和现代化的大数据手段做好运用故障统计分析，摸索掌握规律，不断积累经验；同时要吸取、借鉴国内外先进的技术和经验，建立和完善符合中国铁路实际的运维机制，细化、改进各级修程的检修范围和内容，为动车组的安全运行提供可靠保证。

4.2 温州南动车所建设必要性分析

温州南动车所，是杭温铁路的重要配套工程，建成后能够有效增加行车列数，有力提升温州区域整体始发功能。从温州南动车所概况评估出发，判断其与国家产业政策、区域经济规划、地方发展规划的关系，突出项目的重要性，并借助对浙江华东地区动车所配属及检修规模调研结果，推算出温州南动车所的市场需求规模，从而可进一步获得其产生的经济效益，为运营后的成本估算提供理论基础。

目前温州地区具备整修、存车功能的有温州南动车所，设 3 条动车组存车线，动车所整备线 2 条、普客存车线 4 条均用作动车组存车线。在金丽温铁路引入时，温州地区配套建设了苍南存车场。苍南存车场设 7 条动车存车线。

若不建设温州南动车所，则温州车辆需要回送到周边动车所进行检修存放。根据温州地区路网规划及开行动车组的实际需求，近/远期温州地区内始发终到动车共 95/141 （对/日），其中发金华方向的为 24/42 （对/日），发义乌方向的为 30/40 （对/日），发宁波方向的为 8/12 （对/日），发绍兴方向的为 22/32 （对/日），发福州方向的为 11/15 （对/日）。原初步设计文件中，年度近期/远期温州地区将配属 80/118 套标准动车组，温州既有动车设施不能满足杭温铁路开通运营新增配属动车组存放的检修需求。

如果仅考虑杭温铁路本线的发车需求，按照 2024 年开通杭温铁路并购置 29 个动车组，其中一半放置在温州地区，杭温铁路温州地区新增 14 个标准组测算。宁波和杭州西动车所按照近期规模建成，运营初期暂未达到近期配属动车组数量，可考虑回送杭州西和宁波动车所检修，1 个标准组回送运营成本约 5000 万元/年。根据最新修程修制改革，每日有约 6.1 个标准组回送至宁波或者杭州检修，回送成本约为 3.05 亿元/年。如果考虑温州南枢组内金丽温等铁路的客运量增长需要，进一步增加温州地区始发对数，需要新增更多的配属动车组，则回送费用会更大。综上所述，温州南动车所建设具有必要性。

4.2.1　温州南动车所概况评估

温州南动车所是杭温高铁配套附属设施，初步设计由浙江省发展改革委发布文件《省发展改革委关于新建杭州至温州铁路义乌至温州段初步设计的批复》（浙发改设计〔2018〕26 号）确认。温州南动车所初步设计批复总规模为检查库线 12 条、存车线 46 条。近期建设规模为检查库线 8 条、存车线 32 条，动车走行线 6.125 km，自然资源部批复预审用地 1009 亩（约 0.673 km²），总概算为 34 亿元。远期预留检查库线 4 条、存车线 14 条，规划预留用地 347 亩（约 0.231 km²），主要预留功能是为杭温铁路远期运量增长、甬台温福铁路、金丽温铁路以及温武吉铁路开行动车服务。其是浙西南动车检修、维护中心，是服务于温州及丽水、台州等浙西南地区的重要铁路配套设施，是杭温铁路的重要配套工程，建成后能够有效增加行车列数，有力提升温州区域整体始发功能。

将上述温州南动车所配属及检修规模测算结果和现有批复文件进行对比分析，并根据上文温州枢纽动车组配属量测算和动车所运用设施检修能力分析计算结果可得，目前规模满足近期规模需求，基本满足远期规模需求，动车走行线共 8.64 km，远期另预留 4 条检查库线。此外，动车所预留扩建高级检修条件。

4.2.2 温州南动车所与国家产业政策、区域经济规划关系的判断

2020 年年底我国高速铁路运营总里程达 $3.79×10^4$ 千米。我国高速铁路建设项目周期一般控制在 4~5 年，在经济增速下行压力下，2014 年以来迎来了铁路建设高峰期，对应 2018 年后迎来了新投入运营高速铁路里程的高峰期。根据近几年新开工及规划设计，预测未来新增高速铁路里程将呈现一定程度的下滑趋势。截至 2020 年年底，我国拥有动车组约 3885 列。2011—2020 年我国高速铁路运营里程及动车组保有量年新增趋势如图 4-3 所示，两者走向趋势保持同步，随着年高速铁路运营里程的逐渐增加，配属动车组数量随之增加，动车组年新增配属数量 2011—2015 年呈迅速增加的趋势，2015—2020年随着全国建设高峰期高速铁路集中投入运营，动车组的新增量变化相对于高速铁路新增里程变化趋势较为平缓。

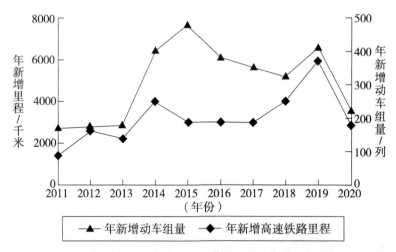

图 4-3 2011—2020 年我国高速铁路运营里程及动车组保有量年新增趋势

2016—2020 年，随着高速铁路运营里程的增加，动车组线路密度从 2016年的 0.118 列/千米降低到 2020 年 0.103 列/千米。意味着近几年，在我国高速铁路网迅速完善的大背景下，新建线路整体上客流密度逐渐降低，同时也与全国高速铁路列车运行图的重新优化及动车组运维设施得到进一步可靠保

障有着密切关系。但在高密度高速铁路线网的快速形成中，随着远期客流量的逐步增加，同时在我国采用节能、高效便捷的动车组列车趋势的引领下，国内动车组线路密度有望逐步提升，带动动车组的新增需求。

4.2.3　温州南动车所与地方发展规划关系判断

对于温州本地，温州南动车所设计以打造"陆港枢纽、未来绿谷"为整体目标。在空间形态上，结合周边山水空间景观，重点控制滨水地区及沿福州路、宁波路和南过境路的建筑高度，整体形成"高低起伏、错落有序"的天际线韵律变化。在城市界面上，重点控制沿福州路、宁波路和南过境路的城市界面，整体形成"简洁大气"的城市界面。同时对于瓯海区，两级政府之间可以相互协作，整体提升区域功能，确保工程质量、工期和施工安全，通过建设商住配套等便民设施辐射带动周边发展，促进城市形象提升。

温州南动车所是杭温高铁枢纽的重要配套工程，位于温州市瓯海核心区南侧，距离既有温州南站约 3km，与甬台温高铁以及温福高铁和龙湾机场一道构成了未来温州的交通核心枢纽，建成后能够有效增加行车列数，有力提升温州区域整体始发功能。

4.2.4　温州南动车所的市场需求和供给评估

截至 2023 年年底，我国高速铁路网已基本成型，"八纵八横"铁路网正逐步完善，随着社会经济的进一步发展和铁路运输服务品质的快速提升，动车组已逐渐取代传统客运列车成为担当国内铁路客运任务的新一代主力产品。但在运用维护方面，国铁集团和国内七大动车组检修基地的统计数据显示，国内动车组标准不统一、车型种类较多、运转效率较低、运用动车组检备率较高、动车组检修能力紧张、检修资源不足、失修及过修问题突出。因此，结合实际运输需求提高全路动车组一体化运转整备任务是目前亟待解决的问题之一。

新建杭温铁路位于我国长三角区域和浙江省境内。杭温高铁全线设站为：杭州西站、富阳西站、桐庐东站、浦江站、义乌站、横店站、磐安站、仙居站、楠溪江站、温州北站、温州南站，共11个站。杭温高速铁路是浙江省内实现杭州都市圈、金华—义乌都市圈和温州都市圈1小时到达的最快捷通道，是长三角高速铁路圈的重要组成部分，是长三角经济区连接海峡西岸经济区的便捷通道，也是连接长江经济带和海上丝绸之路的重要战略通道，是长江三角洲地区城际轨道交通网络的重要组成部分，承担沿线城际客流和部分跨线客流。

作为浙江省构建"1小时交通圈"的支撑性项目，杭温高铁建成后将有效完善国家高速铁路运输网，增强区域干线高速铁路网，形成杭州经金华至温州最为便捷的快速客运通道，对满足沿线交通出行增长需求、加速旅游资源开发、促进社会经济发展具有重要意义。同时也将进一步加强长江三角洲地区南北联系，充分发挥城际铁路网效益，实现长江三角洲地区人员、产业资源的有效互动和合理配置，对进一步加快长三角区域经济均衡一体化发展有着重要意义。

4.2.5　温州南动车所的经济效益影响评估

动车组列车在铁路旅客运输中的主力地位日益凸显。2015年国家发展改革委发布《国家发展改革委关于改革完善高铁动车组旅客票价政策的通知》，自2016年起，在中央管理企业全资及控股铁路上开行的设计时速200 km以上的高铁动车组列车一、二等座旅客票价，由铁路运输企业依据价格法律法规自主制定。因此，在提供客运服务的同时，如何合理计算动车组列车的经济效益，从而制定合理的票价，保障动车组列车的收益，就成为铁路企业目前关心的重点问题之一。

目前，各个铁路局的动车组列车的收入、成本多通过人工统计获得，缺乏统一的核算系统。随着动车组列车的大规模开行，通过人工统计动车组列车的经济效益指标已经难以满足铁路现场的需要，铁路企业迫切需要一个便捷、快速、精确的计算机系统来计算动车组列车的收入、成本等相关经济指标。

动车组列车在实际运用中有如下特点。

动车组交路是计算动车组运用的基本单位。动车组是高速铁路最昂贵的资源之一，据统计，其折旧费用和维修成本在动车组列车开行总成本中占30%以上，而这些费用则必须以动车组交路为单位来计算获取。

某些情况下，为满足动车组运用的需求，铁路企业不得不过早或过晚开行列车。以与客流不相匹配的编组来开行列车，以满足动车组车型、调拨方面的需求，这些额外开行列车的效益可能较差。但由于整个交路列车的开行需求而必须开行，以整个动车组交路为单位进行经济效益分析，能更好地反映列车开行的实际情况。

在实际运营中，列车的增开、停运或始发终到站的变更，均要通过调整该列车所在的动车组交路来实现。

综上所述，动车组交路更适合作为动车组列车成本核算的基本单位。

国内学者对列车开行经济效益的分析多是针对普速旅客列车，对动车组列车的研究较少。侯海勇采用灰色层次分析法，从经济效益和社会效益角度评价旅客列车，确定了客票收入和运输成本计算方法，并提出盈亏分析相关指标。沈鹏等从动车组购置费、动车组维修、能耗成本、运输收入等方面分析影响动车组列车下线运行效益的指标，通过对各方案收益情况的对比分析，建立了基于企业角度的动车组列车下线合理范围模型。陶思宇和查伟雄通过对普速旅客列车开行方案经济效益影响因素的分析，确定了列车经济效益指标的计算方法，计算出旅客列车在全程满员状况下的收入、成本和保本上座率等指标，从而对列车的盈亏状况进行分析。杜学东和高自友针对旅客列车开行效益预测分析问题，提出数据算法模型及其 OLAP（联机分析处理）决策支持系统设计方案，以客流分担率模型预测铁路客流量，并建立列车运行成本计算模型。贾俊芳从铁路运输企业的角度，构建了旅游列车开行方案的指标体系，并提出了列车开行方案成本与收入指标计算方法。

国内学者在运输成本计算方法上，主要分析作业成本法、实算法、支出率法等对铁路运输成本计算的适用性。周明德和李文兴总结铁路客运专线运营支出科目，建立了运输作业指标体系，并提出作业成本计算方法。周熙霖、郑永奎对比分析了实算法、支出率法和作业成本法的优缺点及适用范围，提出应采用作业成本法计算客运专线运输成本。郭郁宾根据《铁路运输企业成本费用管理核算规程》，以时间空间角度探讨铁路运输成本核算问题。涂旭和李雅娟介绍了各铁路局客运成本计算的实算法，并与支出率法进行对比分析，最后提出建议采用支出率法计算铁路客运成本。

在经济效益计算系统方面，张萧萧建立了高速铁路旅客列车开行方案的评价指标体系，并确定了评价方法，最后开发高速铁路旅客列车开行方案评价系统，实现对开行方案的评价。李剑和刘会林开发了列车开行方案经济效益评价系统。曾立雄和查伟雄在充分考虑用户需求的基础上，分析了与旅客列车数据库相关的信息，开发了旅客列车开行方案决策支持系统，进行了数据库需求分析。

动车组列车运输收入从广义上来说包括客票收入、补票收入、餐饮及食品销售收入、广告收入等，其中客票收入占运输收入的绝大部分。但在铁路局实际统计计算中，以动车组列车的客票收入作为该列车的运输收入。因此，本书以列车客票收入作为列车运输实际收入，动车组交路收入则为交路下所有列车的收入之和。

列车运输收入根据计算时期的不同分为两种：①对已完成运营的动车组列车的结算；②对还未投入运营的动车组列车收入的估算。已完成运营列车的客票收入的统计相对简单，通过其客流数据计算得到客票收入即可，而还未投入运营的动车组列车需估算。

接下来是成本部分，动车所的日常开销成本包括人员成本、动车组配件采购成本、能源成本和列车组的成本。其中列车组的付费之处较多。客运付费支出一般占客运总支出的60%以上，大部分费用不随旅客列车运送人数和运输收入而变化（车站旅客服务费和售票服务费除外，而这两项付费占客运付费支出的比重较小）。付费支出科目为线路使用费、动车组接触网使用费、售票服务费、车站旅客发送服务费和列车上水费。直接支出指因动车组设备运用维修、直接为旅客列车服务和行包运输而产生的各种耗费。客运直接支出，即直接生产费包括动车组运用维修费用、动车组折旧、列车服务费用和乘务员工资等，具体费用科目分为车底折旧分摊、乘务人工费、客车服务费和客车运用费 4 个方面。

铁路企业在实际运营过程中，与动车组交路经济效益直接相关的指标包括：收入、成本、税后利润、利润率、客收率、单位车千米收入、单位座席收入。与经济效益间接相关的指标包括：客流量、客座率、旅客周转量。与盈利密切相关的指标包括：保本点客票收入、保本点收入实现率、保本点客座率。与票价率密切相关的指标包括：单位座席千米收入、单位座席千米成本、单位座席千米利润。

第5章

温州南动车所PPP项目合作运营期
收支平衡分析

5.1　政府针对动车所的相关文件及规定

我国的标准分为强制性国标（GB）和推荐性国标（GB/T）。国家标准的编号由国家标准的代号、国家标准发布的顺序号和国家标准发布的年号（发布年份）构成，涉及动车所的国家规范如表 5-1 所示。

表 5-1　　　　　　　　　　　　国家标准

序号	标准性技术文件名称	发文编号
1	《建筑防火设计规范》	GB 50016—2014
2	《工业企业总平面设计规范》	GB 50187—2012

铁道行业标准，顾名思义是指在全国铁道行业范围内统一的标准。铁道行业标准由国家铁路局科技与法制司负责管理。标准代号为 TB，涉及动车所的铁道行业标准如表 5-2 所示。

表 5-2　　　　　　　　　　　铁道行业标准

序号	标准性技术文件名称	发文编号
1	《铁路建设项目预可行性研究、可行性研究和设计文件编制办法》	TB 10504—2018
2	《铁路动车组设备设计规范》	TB 10028—2016
3	《铁路工程设计防火规范》	TB 10063—2016
4	《高速铁路设计规范》	TB 10621—2014

国铁集团技术标准的编号由国铁集团技术标准的代号、标准顺序及标准发布的年号组成，如《铁路房屋建筑设计标准》（Q/CR 9146—2017）。另外，国铁集团也会临时发布一些通知，作为技术标准的补充，运输局参编的技术标准代号为：铁总运、运装管验。涉及动车所的国铁集团技术标准如表 5-3 所示。

表 5-3   国铁集团技术标准

序号	标准性技术文件名称	发文编号
1	《中国铁路总公司关于印发〈动车组专用设备检修维护管理规则〉的通知》	铁总运〔2014〕106 号
2	《中国铁路总公司关于明确动车组运用检修设施及设备配置标准的通知》	铁总运〔2015〕185 号
3	《中国铁路总公司关于明确铁路动车段（所）内工作场所设置方式的通知》	铁总运〔2015〕154 号
4	《关于推进动车组及和谐型机车修程修制改革的指导意见》	铁总机辆〔2019〕54 号
5	《铁路房屋建筑设计标准》	Q/CR 9146—2017

为保证铁路产品的标准化，国铁集团需在公司范围内对产品、技术、设备、工艺要求等制定统一的技术标准，对于符合要求但技术指标需进一步验证的，一般要先制定技术性标准文件，在使用一定时间后根据需要转化成相应的技术标准。

根据《中国铁路总公司关于公布〈铁路专用产品标准性技术文件目录〉的通知》（铁总科信〔2018〕33 号），截至 2017 年 12 月 31 日，总公司现行有效的铁路专用产品标准性技术文件共 813 个。

5.2 动车所收入清算及费用结算方式研究

由于动车运输生产具有"设备联网、生产联动、统一指挥、部门联劳"等关联性强、整体性高的特点，我国铁路运输收入采用建立在全路平均运输成本和一定的利润水平基础上的统一运价。但是因为各地区间运输成本差异很大，为了使不同水平的运输成本都得到合理的补偿，就必须对动车运输收入进行清算。

运输收入清算是铁路运输企业利益分配的实现形式。运输收入清算方式总是与某一时期的生产经营管理体制紧密相关，是该时期管理体制和管理要求在财务关系塑造上的集中体现。它受一定的经营机制制约，并且在一定的条件下反作用于企业经营机制。政府与企业的关系、政府对企业的管理手段（是计划管理还是市场调节）以及铁路运输企业内部管理的要求，在客观上决定了运输企业利益分配的内容和形式。在铁路运输企业分配制度改革以前，长期以来片面强调高度集中管理，实行"收支两条线"的清算办法。这种办法否定了企业理应拥有的独立与完整的运输收益，实际是典型的计划经济、卖方市场的管理体制和经营机制。在客观条件发生根本性变化的情况下，随着国家财税体制改革，铁路运输企业与国家的分配关系和运输企业间的清算制度虽然也在不断改进，但至今尚未形成一套科学的运输收入清算体系。铁路运输企业要实现两个根本性转变，建立现代企业制度，客观上要求运输收入清算方式适应并促进此种变革，为理顺政府与铁路运输企业之间的关系、强化铁路运输企业的自主权、提高企业的竞争力提供强有力的支持。

本书以铁路运输收入清算模式和方法为研究对象，从运输收入清算的内涵及其与企业经营管理机制的关系入手，着重分析在市场经济条件下，深化铁路运输管理体制改革对运输收入清算提出了更高的要求。在对我国铁路运输收入清算办法的历史沿革和国外铁路管理模式的改革做了较为全面系统的综述和评价的基础上，结合我国铁路改革和发展的实践，提出"上下分离"是中国铁路运输企业建立现代企业制度的有效组织形式。为此，应逐步建立适应"上下分离"的科学的运输进款清算体系。

会计分离是"上下分离"的基础，也是我国铁路实施"上下分离"的最低限度要求。其核心内容是在既有铁路局、分局内部实行基础设施养护维修与客货运营分账核算，明细成本，建立相互清算关系。在此基础上进一步细分客货运输市场，按照市场需求调整运营组织机构，进行专业化运输试点。

5.2.1　我国动车所主要清算模式

铁路作为网络化产业，由跨线运输引起的内部清算是各国铁路面临的共性问题。我国的国家铁路一直实行"统一运价、一次收费、一票到达"的经营方式。由于地理环境和区域经济发展水平的不均衡，使得地区间运输成本存在很大差异。为了维持铁路运输企业的简单再生产和扩大再生产，就必须对铁路运输收入进行分配。

由于铁路运输生产具有"设备联网、生产联动、统一指挥、部门联劳"等关联性强、整体性高的特点，铁路运输收入采用建立在全路平均运输成本和一定的利润水平基础上的统一运价。从整体上看，运价收入应该能够补偿运输生产过程中活劳动和物化劳动的消耗并保证一定的盈利。但是由于地区间运输成本差异很大，只有国铁集团才能实现真正、完全的收支核算。换言之，全路的盈亏才是真正意义上的盈亏，而各铁路运输企业的盈亏都是相对的，不是真正意义上的盈亏。在这种统一的运价水平下，运输成本的差异使不同地区的铁路运输企业以不等量的投入即可获得等量的产出，各局按统一运价收取的运输收入，即使是管内运输收入也不应完全被视为该企业的独立收入而对其所耗费的活劳动和物化劳动进行直接补偿。因此，依据收入与支出配比的原则，为了使各个地区不同水平的运输成本都得到合理的补偿，应对铁路运输收入进行清算。

从铁路的收款制度来看，旅客运输的票价收入采用发送核算制，这样在开行直通列车的过程中，一些企业虽然承担了运输工作却不能取得运输进款，而另一些企业取得全部进款却不能完成全部运输工作。从整体角度来看，完成发送作业的铁路运输企业取得的客、货运票价收入是属于全路的运输收入，因此应对铁路运输收入进行清算。

在铁路运输成本中，固定成本占很大的比重，这部分固定成本不受客货运输距离的影响，客货运输距离越远，单位运输产品所分担的固定成本就越小，这就是单位运输产品价值量的递远递减规律。在这一规律的作用下，中长途客货运输的直达票价小于分段票价之和。因而，理论上应将客货运输的票价收入在协作完成运输生产的各运输企业之间进行分配。

按照推荐的委托铁路局进行运营管理的模式，结合目前高铁运营经验，存在两种清算模式（见图5-1）。不同的清算模式下动车所公司的收入、成本内容有差别。

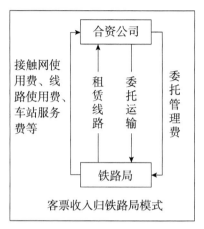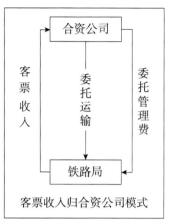

图5-1　不同清算模式下动车所公司与铁路局关系

本研究对温州南动车所委托方公司与受委托方上海铁路局之间采用何种收入清算及费用结算模式进行分析。

1. 客票收入归铁路局模式

全国路网内所有普速铁路和高速铁路99%都是国有铁路，所有营收由国铁集团收取，然后由国铁集团清算给国铁集团下设的18个铁路局集团公司。当采用客票收入归铁路局模式时，列车收入根据列车乘务清算，客票收入全部归属铁路局。非担当局根据售票款按一定比例提取手续费。然后担当局企业支付其他费用给其他局，如过路费、服务费、跨局列车牵引费等。

当采用这种方式时，运输收入归铁路局所有，而合资公司的主要收入是铁路局向合资公司支付的接触网使用费和线路使用费等。合资公司支付给铁路局的委托管理费只需要包括线路运营维护的费用，其他日常列车运行组织及运输组织费用均由铁路局承担。

2. 客票收入归合资公司模式

当采用客票收入归合资公司模式时，运输收入归合资公司所有，其收入主要来源为客票收入，同时在委托运输费用内容方面，合资公司支付给铁路局的委托管理费不仅包括线路运营维护费用，还包括列车运行组织及运输组织服务方面的费用。

5.2.2　两种清算模式优缺点分析

客票收入归合资公司模式，铁路局更倾向于少开列车，对开行列车盈利能力不太关心；合资公司更倾向于列车的盈利能力。因此，双方利益目标的一致性相对较弱。

客票收入归铁路局模式，合资公司倾向于铁路局能多开列车。由于运输收入归铁路局，铁路局更关心开行列车的盈利能力，倾向于综合考虑客流量和开车密度优化城际铁路的运输组织方案，从而提高运输效率，降低运营成本，因此，双方利益目标的一致性相对较强。

5.2.3　温州南动车所清算方式建议

结合我国已经运营的高速铁路经验来看，客票收入归铁路局模式的双方利益目标一致性更强，更有利于发挥项目综合效益。目前，武广客专、温福铁路等高速铁路骨干线路采用客票收入归合资公司模式，财务状况均欠佳；而京津城际铁路改为客票收入归铁路局后，迅速改变了财务状况。沪宁城际铁路从运营开始便实现盈利，哈大客专亦由 2016 年开始转而采用该模式。可见，客票收入归铁路局模式更优，同时考虑到相邻路网多以客票收入归铁路局模式为主（如沪宁城际铁路、沪杭高铁等），因此，建议温州南动车所亦采用客票收入归铁路局模式。

5.3　温州南动车所收支平衡分析

按照运营管理模式及收入费用清算模式，对温州南动车所的运营支出细项进行分析；根据温州南动车所运营的支出及收入分析，对收支平衡进行测算，包括财务盈利能力分析及收支平衡分析。

5.3.1　温州南动车所运营支出分析

按照推荐的运营管理模式及收入费用清算模式，合资公司的运营支出主要有人员工资及福利费、生活用水用电费用、牵引耗电费、工程改造及整治费用、委托管理费等。根据估算，运营期前30年累计（不含增值税）的运营成本为56.7亿元。

为分析温州南动车所支出，对某动车段202×年运输支出进行调研，结果如表5-4~表5-8所示。表5-9列出了某动车段202×年直接费用预算项目名称。

表 5-4　某动车段 202×年运输支出暂行预算（分直接费用和间管费）

序号	预算项目名称	各部门执行预算（万元）	运用支出合计（万元）	高级检修分摊（万元）
一	成本费用	23554.05	17367.00	4276.7
（一）	直接费用合计	18967.59	17191.00	1776.59
1	动车组旅客列车服务小计	—	—	—
（1）	本地吸污费	—	—	—
（2）	本地上水费	—	—	—
（3）	本局异地吸污费	—	—	—
（4）	外局吸污费	—	—	—
（5）	外局防冻费	—	—	—
（6）	物联卡费	—	—	—
（7）	动车组外皮清洁费	—	—	—
（8）	吸污上水设备维保材料	—	—	—
（9）	动车组外皮清洁费材料	—	—	—
（10）	保安服务费	—	—	—
（11）	灭火器组保费	—	—	—
（12）	保洁费	—	—	—
（13）	动车所印刷费	—	—	—

動車所運営管理模式研究
——以温州南動車所為例

続表

序号	预算项目名称	各部门执行预算（万元）	运用支出合计（万元）	高级检修分摊（万元）
(14)	乘务车间印刷费	—	—	—
(15)	动车组车载电话通信费	—	—	—
2	动车组维护费小计	—	—	—
(1)	运用维修机械动力维修材料	—	—	—
(2)	TEDS	—	—	—
(3)	动车组日常检修材料	—	—	—
(4)	动车组一级检修材料	—	—	—
(5)	动车组二级检修材料	—	—	—
(6)	管路清洗（集便器、电茶炉系统）	—	—	—
(7)	动车组整修材料	—	—	—
(8)	动车组瓷瓶、滤网、受电弓清洗费、螺栓清洗配送	—	—	—
(9)	动车组配件委外修	—	—	—
(10)	动车组另行计价费	—	—	—
(11)	动车组焊接费	—	—	—
(12)	动车组外皮油漆修补	—	—	—
(13)	动车组延伸服务费	—	—	—
(14)	上部服务设施整治	—	—	—
(15)	动车组设备舱除尘及轴端清洗	—	—	—
(16)	某型动车组乘务员专座改造	—	—	—
(17)	VIP座椅维修	—	—	—
(18)	动车组油样化验费	—	—	—
(19)	计量器具检校费	—	—	—
(20)	高压备品检验	—	—	—
(21)	生产用水	—	—	—
(22)	生产用电	—	—	—

144

续表

序号	预算项目名称	各部门执行 预算（万元）	运用支出合计 （万元）	高级检修分摊 （万元）
（23）	动车组专用设备维保	—	—	—
（24）	现场工具委外维修	—	—	—
（25）	动车组管理信息系统维保	—	—	—
（26）	自动消防系统维保费	—	—	—
（27）	自动消防设施年度检测费	—	—	—
（28）	动车组烟火报警器维保费	—	—	—
（29）	动车组烟火报警器检测费	—	—	—
（二）	间管费合计	4586.46	176.00	2500.11
1	福利费小计	—	—	—
（1）	食堂食材	—	—	—
（2）	食堂低值易耗品等	—	—	—
（3）	食堂设备维修	—	—	—
（4）	食堂服务费	—	—	—
（5）	物联卡	—	—	—
（6）	离退休	—	—	—
（7）	独生子女费	—	—	—
（8）	天然气	—	—	—
（9）	食堂用电	—	—	—
（10）	食堂用水	—	—	—
2	生活用水	—	—	—
3	生活用电	—	—	—
4	生产用工具备品	—	—	—
5	短途运输	—	—	—
6	办公费小计	—	—	—
（1）	办公费	—	—	—
（2）	会议费	—	—	—
（3）	商务光纤费	—	—	—

序号	预算项目名称	各部门执行预算（万元）	运用支出合计（万元）	高级检修分摊（万元）
7	差旅费	—	—	—
8	劳动保护小计	—	—	—
(1)	劳动保护用品	—	—	—
(2)	女职工保健品	—	—	—
9	电子计算机运用维护小计	—	—	—
(1)	电子计算机运用维护及技术服务费	—	—	—
(2)	全段视频监控系统维保	—	—	—
(3)	智能化动车段软件系统运维	—	—	—
(4)	网络安全设备授权及维保费	—	—	—
(5)	计算机、网络设备材料费	—	—	—
(6)	信息系统维护材料费	—	—	—
10	通信费	—	—	—
11	其他业务应摊	—	—	—
12	生产用杂费小计	—	—	—
(1)	垃圾清运费	—	—	—
(2)	生产用杂费（1）	—	—	—
(3)	生产用杂费（2）	—	—	—
(4)	生产用杂费（3）	—	—	—
(5)	生产用杂费（4）	—	—	—
(6)	零星设备维修	—	—	—
(7)	电梯维保	—	—	—
(8)	零星基建补强	—	—	—
(9)	危险废物处置	—	—	—
(10)	各种运费	—	—	—
(11)	搬运工费用	—	—	—
(12)	生产用杂费（5）	—	—	—

续表

序号	预算项目名称	各部门执行预算（万元）	运用支出合计（万元）	高级检修分摊（万元）
（13）	工业垃圾清运费	—	—	—
（14）	单身宿舍管理费	—	—	—
（15）	绿化费	—	—	—
（16）	5S 管理	—	—	—
（17）	其他间管费	—	—	—
13	废旧物资及修旧利废冲减	—	—	—
14	税金	—	—	—
15	商务招待费	—	—	—
16	公务接待费	—	—	—
17	其他管理费小计	—	—	—
（1）	文化建设费	—	—	—
（2）	消防演练活动费+反恐器材购置费	—	—	—
（3）	审计、咨询、审价等费用	—	—	—
18	财务费用	—	—	—
19	营业外支出	—	—	—
二	折旧	81882.00	81882.00	—
三	职工教育经费合计	—	—	—
1	培训费	—	—	—
2	职业及实作技能竞赛演练	—	—	—
3	教学设备购置及维护费	—	—	—
4	培训教材费	—	—	—
5	其他	—	—	—
6	培训费	—	—	—

表 5-5 某动车段 202×年运输支出暂行预算（按部门列示）

序号	预算执行部门	项目名称	执行预算（万元）	运输支出执行预算（万元）	高级检修分摊（万元）
一		成本费用合计	23554.05	17367.00	4276.7
1	运用车间	动车组外皮清洁费	—	—	—
2		动车所印刷费	—	—	—
3		动车组一级检修材料	—	—	—
4		动车组二级检修材料	—	—	—
5		管路清洗（集便器、电茶炉系统）	—	—	—
6		动车组整修材料	—	—	—
7		生产用杂费	—	—	—
		运用车间小计	—	—	—
1	技术科	本地吸污费	—	—	—
2		本地上水费	—	—	—
3		本局异地吸污费	—	—	—
4		外局吸污费	—	—	—
5		外局防冻费	—	—	—
6		物联卡费	—	—	—
7		动车组外皮清洁费	—	—	—
8		动车组瓷瓶、滤网、受电弓清洗费、螺栓清洗配送	—	—	—
9		动车组配件委外维修	—	—	—
10		动车组另行计价费	—	—	—
11		动车组焊接费	—	—	—
12		动车组外皮油漆修补	—	—	—
13		动车组延伸服务费	—	—	—
14		上部服务设施整治	—	—	—

续表

序号	预算执行部门	项目名称	执行预算（万元）	运输支出执行预算（万元）	高级检修分摊（万元）
15	技术科	动车组设备舱除尘及轴端清洗	—	—	—
16		CRH380AL 型动车组乘务员专座改造	—	—	—
17		VIP 座椅维修	—	—	—
技术科小计			—	—	—
1	设备信息科	动车组油样化验费	—	—	—
2		计量器具检校费	—	—	—
3		高压备品检验	—	—	—
4		生产用水	—	—	—
5		生产用电	—	—	—
6		动车组专用设备维保	—	—	—
7		现场工具委外维修	—	—	—
8		食堂设备维修	—	—	—
9		天然气	—	—	—
10		食堂用电	—	—	—
11		食堂用水	—	—	—
12		生活用水	—	—	—
13		生活用电	—	—	—
14		零星设备维修	—	—	—
15		电梯维保、检验	—	—	—
16		零星基建补强	—	—	—
17		危险废物处置	—	—	—
设备信息科小计			—	—	—
1	办公室	保洁费	—	—	—
2		动车组车载电话通信费	—	—	—
3		食堂服务费	—	—	—

序号	预算执行部门	项目名称	执行预算（万元）	运输支出执行预算（万元）	高级检修分摊（万元）
4	办公室	物联卡	—	—	—
5		独生子女费	—	—	—
6		离退休	—	—	—
7		办公费	—	—	—
8		会议费	—	—	—
9		差旅费	—	—	—
10		通信费	—	—	—
11		垃圾清运费	—	—	—
12		生产用杂费	—	—	—
13		单身宿舍管理费	—	—	—
14		绿化费	—	—	—
15		5S管理	—	—	—
16		商务招待费	—	—	—
17		公务接待费	—	—	—
办公室小计			—	—	—
1	保卫科	保安服务费	—	—	—
2		灭火器维保费	—	—	—
3		自动消防系统维保费	—	—	—
4		自动消防设施年度检测费	—	—	—
5		动车组烟火报警器维保费	—	—	—
6		动车组烟火报警器检测费	—	—	—
7		消防演练活动费+反恐器材购置费	—	—	—
保卫科小计			—	—	—
1	设备车间	吸污上水设备维保材料	—	—	—
2		运用维修机械动力维修材料	—	—	—

续表

序号	预算执行部门	项目名称	执行预算（万元）	运输支出执行预算（万元）	高级检修分摊（万元）
3	设备车间	TEDS	—	—	—
4		生产用工具备品			
5		信息系统维护材料费	—	—	—
		设备车间小计	—	—	—
1	综合车间	食堂食材	—	—	—
2		食堂低值易耗品等	—	—	—
3		短途运输	—	—	—
4		生产用杂费	—	—	—
5		其他间管费	—	—	—
		综合车间小计	—	—	—
1	安全科	劳动保护	—	—	—
		安全科小计	—	—	—
1	乘务车间	乘务车间印刷费	—	—	—
2		动车组日常检修材料	—	—	—
3		生产用杂费	—	—	—
		乘务车间小计	—	—	—
1	安全生产调度指挥中心	动车组管理信息系统维保	—	—	—
2		商务光纤费	—	—	—
3		电子计算机运用维护及技术服务费	—	—	—
4		全段视频监控系统维保	—	—	—
5		智能化动车段软件系统运维			
6		网络安全设备授权及维保费	—	—	—
7		计算机、网络设备材料费	—	—	—

续表

序号	预算执行部门	项目名称	执行预算（万元）	运输支出执行预算（万元）	高级检修分摊（万元）
	安全生产调度指挥中心小计		—	—	—
1	党委办公室	女职工保健品	—	—	—
2		文化建设费	—	—	—
	党委办公室小计		—	—	—
1	财务计划科	其他业务应摊	—	—	—
2		审计、咨询、审价等费用	—	—	—
3		税金	—	—	—
4		财务费用	—	—	—
5		营业外支出	—	—	—
	财务计划科小计		—	—	—
1	材料科	各种运费	—	—	—
2		搬运工费用	—	—	—
3		生产用杂费	—	—	—
4		工业垃圾清运费	—	—	—
5		废旧物资及修旧利废冲减	—	—	—
	材料科小计		—	—	—
二		折旧	—	—	—
三		职工教育经费合计	—	—	—
1	职教科	培训费	—	—	—
2		职业及实作技能竞赛演练	—	—	—
3		教学设备购置及维护费	—	—	—
4		培训教材费	—	—	—
5		其他	—	—	—
6	劳动人事科	培训费	—	—	—

表 5-6   某动车段 202×年运输支出暂行预算（动车组一级检修预算项目名称）

序号	项目名称	费用合计（万元）
1	闸片	—
2	研磨子	—
3	碳滑板	—
4	其他材料	—
费用合计（万元）		3875.33

表 5-7   某动车段 202×年运输支出暂行预算（动车组二级检修预算项目名称）

序号	项目名称	费用合计（万元）
1	闸片	—
2	研磨子	—
3	碳滑板	—
4	滤网滤布	—
5	其他材料	—
费用合计（万元）		4324.54

表 5-8   某动车段 202×年运输其他业务暂行预算

类别		项目名称	单位名称	分类（不含税）	合计（万元）
技术服务	1	轮轴检修设备维护费用	××设备有限公司	收入	—
				支出	—
				其中：其他业务应摊	—
				利润	52.44
	2	轮轴检修设备维护费用	××机车车辆股份有限公司	收入	—
				支出	—
				其中：其他业务应摊	—
				利润	80.68

类别		项目名称	单位名称	分类（不含税）	合计（万元）
技术服务	3	××高速综合检测列车动车组运用检修技术服务	××研究院集团有限公司	收入	—
				支出	—
				其中：其他业务应摊	—
				利润	141.20
	4	××动车组闸片装车运用考核技术服务	××器材有限公司	收入	—
				支出	—
				其中：其他业务应摊	—
				利润	5.71
	5	××动车组闸片装车运用考核技术服务	××交通有限公司	收入	—
				支出	—
				其中：其他业务应摊	—
				利润	4.66
	6	闸片考核配合服务费	××有限公司、××股份有限公司	收入	—
				支出	—
				其中：其他业务应摊	—
				利润	38.05
	7	"××闸片状态检测系统"设备推广技术合作	××科技有限责任公司	收入	—
				支出	—
				其中：其他业务应摊	—
				利润	6.34
其他	8	便利店场地租赁等收入	××科技有限公司	收入	—
				支出	—
				其中：其他业务应摊	—
				利润	4.52
	9	主机厂配件回购	××轨道装备科技有限公司、××铁路运输设备有限公司	收入	—
				支出	—
				其中：其他业务应摊	—
				利润	−47.07

续表

类别		项目名称	单位名称	分类（不含税）	合计（万元）
其他	10	报废物资销售（含预计全局报废轮对处置收入）	××科技有限公司	收入	—
				支出	—
				其中：其他业务应摊	—
				利润	−45.90
共计				收入	—
				支出	—
				其中：其他业务应摊	—
				利润	240.63

表 5-9　　某动车段 202×年直接费用预算（只列出预算项目名称）

序号	项目	计量单位	某车辆段	某车辆段	某车辆段	某动车段	合计	预算单价（元/千辆千米）
一	工作量							
1	普通型非空调车	千辆千米	—	—	—	—	—	45
2	普通型空调车	千辆千米	—	—	—	—	—	54
3	普通型空调车（带集便器）	千辆千米	—	—	—	—	—	89
4	25G-DC600V 型空调车（含25K 型双层车）	千辆千米	—	—	—	—	—	60
5	25G-DC600V 型空调车（带集便器）	千辆千米	—	—	—	—	—	100
6	25T 型空调车	千辆千米	—	—	—	—	—	109
7	普速车旅服	千辆千米	—	—	—	—	—	55
8	××型动车组	千辆千米	—	—	—	—	—	

序号	项目	计量单位	某车辆段	某车辆段	某车辆段	某动车段	合计	预算单价（元/千辆千米）
8	其中：质保车辆	千辆千米	—	—	—	—	—	
	脱保车辆	千辆千米	—	—	—	—	—	347
9	××型动车组	千辆千米	—	—	—	—	—	
	其中：质保车辆	千辆千米	—	—	—	—	—	209
	脱保车辆	千辆千米	—	—	—	—	—	231
10	××型动车组	千辆千米	—	—	—	—	—	
	其中：质保车辆	千辆千米	—	—	—	—	—	209
	脱保车辆	千辆千米	—	—	—	—	—	231
11	××型动车组	千辆千米	—	—	—	—	—	
	其中：质保车辆	千辆千米	—	—	—	—	—	209
	脱保车辆	千辆千米	—	—	—	—	—	231
12	××型动车组	千辆千米	—	—	—	—	—	
	其中：质保车辆	千辆千米	—	—	—	—	—	—
	脱保车辆	千辆千米	—	—	—	—	—	439
13	××型动车组	千辆千米	—	—	—	—	—	
	其中：质保车辆	千辆千米	—	—	—	—	—	234
	脱保车辆	千辆千米	—	—	—	—	—	257
14	××型动车组	千辆千米	—	—	—	—	—	
	其中：质保车辆	千辆千米	—	—	—	—	—	234
	脱保车辆	千辆千米	—	—	—	—	—	257
15	××型动车组	千辆千米	—	—	—	—	—	
	其中：质保车辆	千辆千米	—	—	—	—	—	127
	脱保车辆	千辆千米	—	—	—	—	—	141
16	××型动车组	千辆千米	—	—	—	—	—	
	其中：质保车辆	千辆千米	—	—	—	—	—	209

续表

序号	项目	计量单位	某车辆段	某车辆段	某车辆段	某动车段	合计	预算单价（元/千辆千米）
16	脱保车辆	千辆千米	—	—	—	—	—	231
	××型动车组	千辆千米	—	—	—	—	—	—
17	其中：质保车辆	千辆千米	—	—	—	—	—	234
	脱保车辆	千辆千米	—	—	—	—	—	257
18	动车旅服	千辆千米	—	—	—	—	—	61
二	费用预算	万元	—	—	—	—	—	—
1	工作量挂钩费用	万元	—	—	—	—	—	—
2	空调车用油	万元	—	—	—	—	—	—

对于成本节支，有以下参考。车辆部门节支主要措施：一是按客流区走行千米实际调整动客车外皮清洗周期，对于上座率较低的列车动态安排吸污作业，降低动客车旅服支出费用。二是进一步加强闲置客车车底管理，做好用车需求综合研判，科学合理对闲置客车进行封存管理，降低客车运用检修成本。三是将有条件开行直供电的客车全部改由机车直供电，做好客室温度动态调控，库内作业采用地面电源供电，减少燃油消耗。四是优化动车组二级检修作业内容和周期；加强客车运维配件的管理，减少过度检修；合理控制闸片更换限度，减少提前更换量；加强运用配件的故障修理，加强对集便装置等高价值、高技术含量配件的自主检修，积极开展电磁灶、触摸屏等装置的自主检修。

5.3.2　温州南动车所运营收入分析

根据项目运营管理模式及清算模式，动车所的收入来源主要是线路使用费、接触网使用费、车站服务费、车辆保洁清洗费、车辆检修费用等。

根据该动车所存车线数目、检修线数目和日均检修列数进行计算，得到温州南动车所使用性收费项目及标准，具体如表5-10所示。

表5-10　　　　　温州南动车所使用性收费项目及标准

序号	收费项目	收费标准
1	保洁费	每节车厢每次56元
2	吸污费	每8编组：移动吸污605元，固定式吸污550元
3	清洗费	每8编组：车体清洗（含顶部等整个车体）474元
4	轨道使用费	每8编组：每次/每天715元
5	存、停车费	每8编组：每次/每天635元
6	住宿费	每人每天200元
7	车辆维修费（一级检修，不含配件）	每节车厢每次138元
8	车辆维修费（二级检修，不含配件）	每节车厢每次59元
9	车辆维修配件费（一级检修）	闸片每千辆千米：平均253.68万元 研磨子每千辆千米：平均14.67万元 碳滑板每千辆千米：平均4.8万元 其他材料每千辆千米：平均377.17万元
10	车辆维修配件费（二级检修）	闸片每千辆千米：平均188.17万元 研磨子每千辆千米：平均10.45万元 碳滑板每千辆千米：平均17.33万元 滤网滤布每千辆千米：平均77.42万元 其他材料每千辆千米：平均428.33万元
11	其他服务费	—

经计算分析得出，在理想状态下，温州南动车所30年收入为57亿元。

5.3.3　收支平衡分析

1. 财务盈利能力分析

财务盈利能力是企业获得利润的能力，表现为企业在一定时间内获得的收益数额的多少及收益数额的构成。盈利能力指标包括总投资收益率、静态投资回收期等，结合现金流量表、损益表中的有关数据进行分析。经测算，项目内部收益率为0.5%，低于铁路行业基准收益率3%；全部财务净现值0.3亿元，大于0。这表明项目财务盈利能力欠佳。

2. 可行性缺口补贴

高速铁路属于准经营性项目，日常收支通常会出现缺口，采用可行性补贴是吸引社会资本、提升项目生存能力的重要措施，由政府以财政补贴、股本投入、优惠贷款和其他优惠政策实施。按照项目资本金合理回报率6%测算可行性缺口补贴。该项目可行性缺口补贴额度是3.402亿元。经测算，在进行可行性缺口补贴后，各项财务指标均较好，全部投资内部收益率达到3.41%，全部投资财务净现值达到38020万元。

温州南动车所项目是一项复杂的系统工程，集公益性和准经营性于一身，其经济属性复杂。作为沿线城乡旅客出行的交通工具，为旅客提供良好的公共出行服务，具有公益特性；又面临区域内各种交通方式、各个相关铁路项目间的竞争，还要满足社会资本的合理回报要求，必须积极提升市场竞争力，具有准经营性。为最大限度地发挥项目综合效益，结合项目特点、运营管理模式特点及我国既有高速铁路运营经验，建议温州南动车所采用委托铁路局代管模式，清算模式采用客票收入归铁路局模式。温州南动车所属于准经营性项目，日常收支通常会出现缺口，采用可行性补贴是吸引社会资本、提升项目生存能力的重要措施，由政府以财政补贴、股本投入、优惠贷款和其他优惠政策实施。

第6章

温州南动车所运营模式研究及建议

目前全国动车所主要建设模式均为由主线建设单位出资建设，建成后委托国铁集团进行运营管理。杭温高铁作为首条民营资本控股的铁路项目，由百盛联合集团作为牵头主体出资修建，而温州南动车所是由浙江省政府及温州市政府共同出资、共同修建，其融资方式区别于传统铁路项目，多方参与的同时也拥有多方主体，在后期动车所的运营管理方式上，也区别于传统的项目。

笔者针对温州南动车所运营模式提出了四种研究方向，即无偿移交模式、委托运营模式、地方独立运营模式及百盛联合集团回购模式。

一个建设项目由三个主要部分组成，即建设前的融资、建设施工和建设完成后的运营，三者构成建设项目的整体。选定一种建设融资模式后，该项目的后期运营是否能够与建设融资模式相契合，将直接关系到项目的利润回报和社会效益，这对政府以及社会投资者而言都具有十分重大的意义。杭温高铁动车所为利用 PPP 模式引进社会资本投资的高铁，因此，为提高研究的完整性，本章将借助 SWOT 分析法，研究在各种影响因素下最优运营模式。

6.1　运营管理模式选择

6.1.1　运营管理模式选择的影响因素

（1）融资模式。

不同的融资模式会有不同的投资主体，投资主体的不同导致在运营模式的选择上的侧重点不同，对于项目后续的盈利水平也会有不同的要求，这些都对项目运营管理模式的选择产生影响。

（2）盈利能力。

动车所的盈利能力能直接影响运营公司现金流，不同的运营公司对盈利能力要求也不同，这也就形成了不同的运营管理模式。

（3）检修量。

检修量较少的动车所，需要政府支持才能维持正常运营，一般比较适合国营管理模式将其整合到更完整的铁路网络系统中实行统一管理，创造规模效应，在保证路网的连通和可进入性的基础上，提升运营效率。而检修量适中或较大以及内部运量较高的动车所能够支撑更完整的运输产品供给体系，仅依靠自身运量就容易实现规模效应，具有较强的竞争能力和盈利能力，能更好地吸引社会资本参与其中，更适合自主经营或委托运营。

（4）人才培养和技术积累。

动车所的主要特点是其高度自动化及高密度的开行方式，需要高准确度的检查系统以保证运营过程的安全、高效、可靠。运营管理团队在管理、市场开拓等方面需要大量前期投资及专业化的人才培养和技术积累，使运营效益最优。

（5）政府财政能力和政策导向。

政府政策导向扶持与资金支持在某种程度上影响了动车所项目能否正常运转，主要表现为政府提供的财政补贴支持、融资信用支持或担保以及自行制定票价的权利。

6.1.2 温州南动车所运营管理模式选择

温州南动车所运营管理模式的确定，既要以切实满足动车检修需求为出发点，也要建立在一定盈利能力基础之上，为铁路持续发展提供效益保障。结合浙江省的经济民生环境和既有路网环境，温州南动车所未来大概率采用的运营管理模式有公司回购模式和委托运营模式两种（见表6-1）。

表6-1　　　　　　　　公司回购模式和委托运营模式比较

模式	功能作用	检修量与盈利	投资创新能力	区域经济发展	地方政府财政政策要求	未来发展
公司回购模式	有利于动车所功能的实现	检修量大，盈利一般	有利于创新方案的实现	很有利	依赖程度高，但地方具有控制能力	有利

模式	功能作用	检修量与盈利	投资创新能力	区域经济发展	地方政府财政政策要求	未来发展
委托运营模式	较有利于动车所功能的实现	检修量大，盈利低	不利于创新方案的实现	影响一般	依赖程度低，但地方无控制能力	不利

从建设模式方面分析，PPP 模式下政府和社会投资主体共同享有对动车所所有权及决策权，在促进动车所项目引资的同时要保障投资主体的投资收益，在我国动车所和地方铁路所采用的各类运营管理模式中，除地方委托运营模式以外，其他模式在行车组织、指挥调度、运力分配、车辆维修等方面均不同程度受到铁路局制约，导致部分线路难以充分发挥其功能且长期亏损，从而降低了社会投资者利益。

从人才培养和技术积累方面分析，一是浙江省强大的经济实力能够为其引入专业技术人才，丰富运营人才队伍，提升委托运营可操作性；二是浙江省自身铁路发展在国内处于领先水平，动车所运营经验已较为丰富，为委托运营提供了实践基础。

从政府财政能力和政策导向方面分析，浙江省经济实力较强，地方政府财政足以支撑其自负盈亏，从而获得自主分配资源的权利。

综上分析，温州南动车所倾向选择委托运营模式。

6.2 杭温铁路动车所运营模式 SWOT 分析

SWOT，四个英文字母分别代表 Strengths（优势）、Weaknesses（劣势）、Opportunities（机会）、Threats（威胁），是一种基于内外部竞争环境和竞争条件下的态势分析方法，对研究对象的内部优势、劣势及外部机会、威胁进行组合分析，然后通过系统分析得出相应结论，进而为决策者做出决策提供相应的科学依据。委托运营模式优劣兼备，本节将利用 SWOT 分析方法，从宏观层面对动车所采取委托运营模式的优势、劣势及未来发展可能产生的机会、威胁进行分析。

6.2.1　优势分析（S）

第一，采用委托运营模式，动车所可以借助外部专业运营团队的专业知识和丰富经验，实现更高效、更专业的管理。这种模式允许动车所专注于核心业务和长期发展战略，而将日常运营工作委托给专业团队。例如，专业团队可以采用最新的管理理论和实践，改善员工的工作效率，优化车辆保养和维修流程，确保安全运营的同时，还能提高客户服务水平。

第二，委托运营可以将一部分固定成本转变为变动成本，通过合同约定支付给运营商的费用通常与其服务的数量和质量直接相关。这种机制促使委托运营商不断寻求提高效率、降低成本的方法，从而也帮助动车所实现成本控制。在财务管理方面，委托运营还可以减少动车所的资本支出，使其能够将更多的资金用于其他关键领域，如技术创新或扩展服务范围。

第三，通过与具备先进技术和经验的企业合作，动车所可以迅速引进新技术和新设备。这不仅提升了动车所的技术水平，还能有效提高服务质量和运营效率。委托运营商可能拥有更好的资源获取渠道，能够更快地采用新技术，例如，使用更先进的维护设备或实施最新的安全管理体系，从而为乘客提供更加安全、舒适的乘车体验。

6.2.2　劣势分析（W）

在采用委托运营模式时，虽然有诸多优势，但也面临一些明显的劣势。这些劣势可能会影响动车所的长期发展和稳定运营。

第一，当动车所选择委托运营模式时，最大的挑战就是管理脱节的问题。由于外部运营商可能拥有不同的运营理念、企业文化和工作方法，这种差异可能导致内部团队与委托方之间沟通不畅，影响整体的协调性和执行力。例如，如果委托运营商更重视短期利润而忽视了长期的客户满意度或服务质量，就可能损害动车所的品牌形象和市场竞争力。

第二，服务质量是动车所面临的另一个主要挑战。委托运营模式可能导致服务标准和执行质量的不一致，因为外部运营商可能无法完全按照动车所的要求来提供服务。此外，由于缺乏直接控制，动车所可能难以及时解决服务中出现的问题，进而影响乘客的满意度和忠诚度。因此，确保委托方提供的服务质量符合或超过既定标准是一项重大挑战。

第三，信息安全是现代企业管理中的一大难题，尤其是在委托运营模式下。动车所的运营数据、客户信息和其他敏感资料在转交给委托方过程中可能面临泄漏。

6.2.3　机会分析（O）

采用委托运营模式为动车所带来的机遇是多方面的，这不仅能提升动车所在技术、服务和管理方面的能力，还能为其带来更广阔的市场和更高的品牌价值。

第一，委托运营模式使动车所有机会与具有强大网络和市场资源的合作伙伴建立联系。这种合作可以帮助动车所快速进入新的市场领域，或者在现有市场中拓展新的客户群。例如，通过委托运营模式，动车所可以利用合作伙伴在特定区域或行业中的品牌影响力和市场份额，来提高自身的市场认知度和服务覆盖范围。此外，与有广泛业务的企业合作，还可以实现资源共享和优势互补，从而提升竞争力，抓住更多的商业机会。

第二，通过与知名度高、服务质量好的委托运营商合作，动车所可以借助合作伙伴的良好形象来提升自身品牌的认知度和信誉度。合作伙伴的专业能力和服务质量将直接反映在动车所的服务上，有助于树立高质量服务的品牌形象，从而吸引更多的客户，提高客户满意度和忠诚度。同时，优质的服务也会通过口碑传播，为动车所带来更多的正面评价。

第三，政府一直鼓励铁路运输业的市场化和专业化，委托运营模式正符合这一政策方向。通过采用委托运营，动车所可以展现其响应国家政策、积极探索行业创新和改革的积极态度。这不仅能够提高动车所的政策适应性和行业地位，还可能获得政府的支持和优惠，如税收减免、资金支持等。政府的认可和支持将进一步增强动车所的市场竞争力和持续发展能力。

第四，与专业的委托运营商合作，意味着可以快速引进新技术和管理方法。许多委托运营商在技术创新方面有着深厚的积累和独到的视角，这为动车所带来了技术革新的机会。无论是在车辆维护、客户服务还是运营效率方面，新技术的应用都能显著提升服务质量和运营性能。此外，技术升级还能增强动车所的未来竞争力，使其在快速变化的市场环境中保持领先地位。

动车所在考虑委托运营时，应充分评估这些机遇，并制定策略以抓住这些机遇。通过精心选择合作伙伴，以及在合作过程中优化管理和服务，动车所才能够实现可持续发展。

6.2.4　威胁分析（T）

采用委托运营模式，尽管为动车所带来了诸多优势和机遇，但同样存在不可忽视的威胁。这些威胁可能会对动车所的运营效率、财务状况以及长期发展造成负面影响。

第一，委托运营模式可能会使动车所面临更为激烈的市场竞争。如果委托的运营商同时也服务于其他竞争对手，这种情况可能导致服务的同质化，从而减弱动车所在市场中的竞争优势。委托运营商可能将先进的管理经验和技术创新应用于其服务的每一个客户，这样会使动车所难以在服务质量和创新性上保持领先地位。此外，随着市场竞争的加剧，动车所可能还会面临价格战等竞争策略的压力，进一步挤压其营业利润率。

第二，委托运营模式下的合作风险也是不容忽视的。选择不当的运营商可能会导致服务质量无法达到预期标准，甚至出现严重的运营问题，如延误、安全事故等，这些都会直接影响动车所的声誉和客户满意度。此外，如果运营商的财务状况不佳或管理混乱，也可能给动车所带来额外的风险。在法律和合同执行方面，合作双方可能因为利益分配、责任归属等问题出现纠纷，这不仅会消耗双方的资源，还可能影响长期的合作关系。

第三，委托运营模式还可能带来法律和监管方面的风险。铁路运输作为一个高度监管的行业，任何运营活动都必须遵循严格的法律法规和标准。如果委托的运营商未能遵守相关法律法规和标准，也会带来严重的后果。

6.3　基于 AHP 的温州南动车所运营管理模式选择研究

6.3.1　动车所运营管理模式的影响因素

每个因素下又包含多个指标，这些指标中有些可量化，有些只能定性描述，动车所运营管理模式选择是 1 个半结构化多因素决策问题。层次分析法（AHP）是指将一个复杂的多因素决策问题作为一个系统，将目标分解为多个准则，进而分解为多指标的若干层次，通过定性指标模糊量化方法算出层次单排序和总排序，作为多方案优化决策的系统方法。AHP 比较适合于具有分层交错评价指标的目标系统，而且目标值又难以定量描述的决策问题。基于此，本章提出基于 AHP 的动车所运营管理模式选择方法。

1. 路网地位

在建设之初，动车所所处的路网地位奠定了其能力利用与运营效益的基础。例如，对于路网干线，由于本线和跨线客流均较大，在其投入使用后，其线路能力利用率与运营效益一般显著高于路网支线的动车所。本书用动车所所处路网的线路类型、线路里程和衔接干线数量反映其路网地位。对于一个动车所而言，其所处的线路类型为路网干线的情况下，线路里程越长且衔接干线数越多，其路网地位越高。

2. 政策导向

在建设到投入运营期间，国家和地方的政策导向激发了动车所能力利用与效益的潜力。动车所是我国铁路投融资体制改革的产物，随着政策的逐步开放，动车所的市场也在不断扩大，只有在政策上给予一定的支持，动车所才能摆脱没有话语权的尴尬处境，才能激发合资各方投资及运营动车所的热情。采用动车所的财政补贴、价格制定权和国铁准入权反映其政策导向。对于动车所而言，其财政补贴越多，被给予的价格制定权越大，准许接入国铁的机会越大，说明其政策导向越有利。

3. 投融资体制

在建设到投入运营期间，动车所的投融资体制决定了其能力利用与运营效益的活力。动车所投融资体制确定后，其融资规模和今后的经营主体也相应确定，当投资主体为民营资本且融资规模较大时，动车所在运营及经营方面就有更多的选择。采用动车所的投资主体、非国铁股比以及融资能力反映其投融资体制特点，对于动车所而言，其投资主体越倾向于民营资本，非国铁股比越大，融资能力越强，其投融资体制越合理。

4. 法人治理

在投入运营后，动车所自身公司的法人治理对其能力利用与运营效益产生影响，法人治理结构直接决定着各投资方是否能有效制衡以及合资公司是否能协调运转。例如，当动车所公司法人治理结构中对于委托方和被委托方责任、权力的划分不清晰且缺乏有效监管时，动车所的能力利用与运营效益很有可能降低，从而造成动车所公司难以为继。

因此，提出动车所公司的权责划分、运营清算体系以及监管机制反映其法人治理能力。对于动车所而言，其公司的权责划分和运营清算体系越清晰，监管机制越完善，其法人治理能力越强。

5. 资源经营

在日常经营中，动车所的资源经营策略对其能力利用与运营效益存在影响，当动车所拥有独立完善的移动设备、固定设施和运营组织人力资源时，其完全可以根据客流和市场对运营组织进行实时调整，运营的自主性更高。采用动车所移动设备、固定设施的经营方式和运营组织人力资源描述其资源经营策略，对于动车所而言，其移动设备和固定设施的经营方式越自主，运营组织人力资源的门类越齐全，其资源经营策略越完善。

6. 运营效益

在进行运营时，动车所的运营效益影响着其能力利用质量。当动车所的运营效益较差时，势必难以吸引社会投资者。当地政府也只会从其附加价值进行考虑，如相应的土地开发等，而对于动车所的运营组织则不太关心，从而导致动车所能力利用低下。因此，采用动车所的运输收益、附加价值以及公益支出反映其运营效益特征。动车所运输收益越高、附加价值越低、公益支出越低，其运营效益越好。

6.3.2　基于 AHP 的动车所运营管理模式选择流程

基于 AHP 的基本原理，首先，根据动车所运营管理模式的影响因素，建立层次结构模型。其次，采取不同的方法分别对准则层、次准则层和方案层的判断矩阵进行构造并进行一致性检验。最后，依次通过层次单排序、层次总排序，获得 3 个候选运营管理模式的重要度，进而得出结论。基于 AHP 的动车所运营管理模式选择流程如图 6-1 所示。

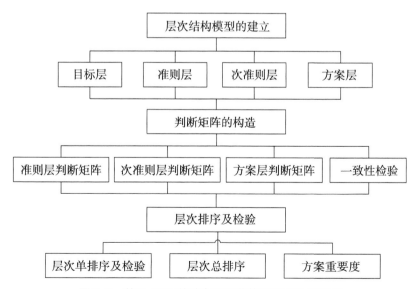

图 6-1　基于 AHP 的动车所运营管理模式选择流程

6.3.3 层次结构模型的建立

根据动车所运营管理模式的影响因素，提出两级指标体系，进而建立了含目标层、准则层、次准则层和方案层的四级层次结构模型，解释如下。

目标层即使用 AHP 的目的，将"动车所能力利用与运营效益最高"作为目标层。

准则层是将动车所运营管理模式选择的 6 大影响因素作为准则层指标，分别为路网地位、政策导向、投融资体制、法人治理、资源经营以及运营效益。

次准则层是动车所运营管理模式影响因素的具体内容，具体有线路类型、财政补贴、线路里程、衔接干线数、票价制定权、国铁准入权、投资主体、非国铁股比、融资能力、权责划分、运营清算体系、监管机制、移动设备、固定设施、人力资源、运输收益、附加价值、公益支出。

方案层有 3 种运营管理模式，即自管自营模式、委托运输模式、委托运营模式。

6.3.4 判断矩阵的构造

在 AHP 中，每层的判断矩阵表示本层所有指标对上层对应指标的相对重要度。层次结构模型具有目标层、准则层、次准则层和方案层 4 层，判断矩阵有 3 种类型，分别为准则层、次准则层以及方案层判断矩阵。其中，准则层需构造 1 个判断矩阵，次准则层需构造 6 个判断矩阵，方案层需构造 18 个判断矩阵。

1. 准则层判断矩阵的构造

准则层共 6 个指标，故其判断矩阵是 1 个 6 阶方阵，记为 B。鉴于准则层指标直接对应于目标，采用 AHP 的九级标度法进行专家打分，构造准则层的判断矩阵 B，次准则层指标含义及其赋值规则如表 6-2 所示。

表 6-2　　　　　　　　　　　　次准则层指标含义及其赋值规则

指标	含义	赋值规则	符号
路网地位	见前文	赋值为 1~9，代表路网地位逐步增大	x_1
线路类型	路网干线/支线/独立线路	赋值 3/2/1，依次代表干线/支线/独立线路	x_{11}
线路里程	合资铁路的运营里程	按实际赋值（km）	x_{12}
衔接干线数	衔接国铁干线的数量	按实际赋值	x_{13}
政策导向	见前文	赋值为 1~9，代表政策导向有利性逐步增强	x_2
财政补贴	包括减税、补贴等的强度	赋值为 3/2/1，依次代表多/较少/少	x_{21}
票价制定权	合资公司制定票价的权力	赋值为 3/2/1，依次代表大/较小/小	x_{22}
国铁准入权	准许接入国铁网的机会	赋值为 3/2/1，依次代表大/较小/小	x_{23}
投融资体制	见前文	赋值为 1~9，代表投融资体制合理性逐步增强	x_3
投资主体	合资公司的主要投资方	赋值 3/2/1，依次代表民营资本/政府/国铁集团	x_{31}
非国铁股比	非国铁集团所占股比	按实际赋值	x_{32}
融资能力	动车所融资的水平	赋值为 3/2/1，依次代表强/较弱/弱	x_{33}
法人治理	见前文	赋值为 1~9，代表法人治理能力逐步增强	x_4
权责划分	股东权责划分的清晰度	赋值为 3/2/1，依次代表清晰/较清晰/不清晰	x_{41}
运营清算体系	运营清算体系的清晰度	赋值为 3/2/1，依次代表清晰/较清晰/不清晰	x_{42}
监管机制	第三方监管机制的完善程度	赋值为 3/2/1，依次代表完善/较完善/不完善	x_{43}

指标	含义	赋值规则	符号
资源经营	见前文	赋值为 1~9，代表资源经营策略的完善度逐步增大	x_5
移动设备	移动设备的经营方式	赋值为 3/2/1，依次代表全购买/半购买半租赁/全租赁	x_{51}
固定设施	固定设施的经营方式	赋值为 3/2/1，依次代表全自建/半自建半租借/全租借	x_{52}
人力资源	人力资源的建设方式	赋值为 3/2/1，依次代表人力资源门类齐全/仅拥有经营人才/仅拥有投融资管理者	x_{53}
运营效益	见前文	赋值为 1~9，代表运营效益逐步增大	x_6
运输收益	运输收入-运输成本	按实际赋值（万元）	x_{61}
附加价值	动车所的附加开发价值	赋值为 3/2/1，依次代表小/较小/大	x_{62}
公益支出	铁路的公益性导致的支出	赋值为 3/2/1，依次代表小/较小/大	x_{63}

2. 次准则层判断矩阵的构造

记次准则层的判断矩阵为 C_i（i =1，2，L，6），令 x_1 到 x_6 分别为准则层的路网地位、政策导向、投融资体制、法人治理、资源经营和运营效益指标，x_{ij} 为准则层指标 x_i 关联的第 j 个次准则层指标。各准则层指标 x_i 均关联 3 个次准则层指标，即各 C_i 是一个 3 阶方阵。为了避免专家打分主观性强的缺点，本章将已开通/在建铁路的实际数据作为样本，使用多元线性回归方法构造次准则层的各 C_i。其主要步骤包括回归变量选取、数据归一化、多元线性回归及次准则层判断矩阵构造，具体如下。

（1）回归变量选取。

选取所有对应的次准则层指标 x_{ij} 作为自变量，对应的准则层指标 x_i 作为因变量。

（2）数据归一化。

为避免各次准则层指标量纲的不同对分析结果造成影响，需对样本进行归一化处理。这里采用 max 归一化方法，即令各样本的各指标 $x_{ij} = x_{ij}^{\text{orig}} / x_{ij}^{\text{max}}$，其中 x_{ij}^{orig} 为样本中指标 x_{ij} 的原始值，x_{ij}^{max} 为所有样本中指标 x_{ij} 的最大值。显然，经归一化处理后，样本中各 x_{ij} 的值都位于 [0，1] 内。

（3）多元线性回归。

对于选取的自变量 x_{ij} 和因变量 x_i，采用以下方程进行多元线性回归：

$$x_i = \alpha_{i0} + \alpha_{i1}x_{i1} + \alpha_{i2}x_{i2} + \alpha_{i3}x_{i3} \tag{6-1}$$

式中，x_i——准则层中的路网地位指标；

x_{i1}——次准则层中位于路网地位指标下的线路类型；

x_{i2}——次准则层中位于路网地位指标下的线路里程；

x_{i3}——次准则层中位于路网地位指标下的衔接干线数指标；

α_{i1}——次准则层中位于路网地位指标下的线路类型的回归系数；

α_{i2}——次准则层中位于路网地位指标下的线路里程的回归系数；

α_{i3}——次准则层中位于路网地位指标下的衔接干线数指标的回归系数；

α_{i0}——常数项。

由统计分析理论可知，多元线性回归的统计值包括相关系数 r^2、F 值以及 p 值等。若 1 个回归方程有效，这 3 个统计值需满足表 6-3 所示的判断标准。

表 6-3　　　　　　　　　　统计值的判断标准

统计值	对回归模型的影响	判定有效的范围
r^2	越接近 1，回归方程越显著	$r^2 > 0.5$
F	F 越大，回归方程越显著	$F > F_{1-a}$ $(k，n-k-1)$
p	p 小于显著性水平时，回归方程有效	$p < 0.01$

表 6-3 中，显著性水平 a 取 0.01，$(k，n-k-1)$ 为给定自由度，其中 k 为自变量的数量，n 为样本数量。

（4）次准则层判断矩阵构造。

对于 C_i 对应的各次准则层指标 x_{ij}，在获得相应的有效回归方程后，其重要度 s_{ij} 由式（6-2）中对应的回归系数 α_{ij} 和 AHP 中的 1~9 标度法确定，即

$$s_{ij} = \min\{[\alpha_{ij} x_{ij}]，9\}(i = 1，2，L，6；j = 1，2，L，3) \quad (6-2)$$

基于 s_{ij}，按照 AHP 的基本原理即可生成次准则层判断矩阵 C_i。

3. 方案层判断矩阵的构造

对于方案层，将样本中各次准则层指标按 3 类运营管理模式方案分别统计的平均值 x_{ijk}（$i = 1，2，L，6；j = 1，2，L，3；k = 1，2，L，3$），作为这 3 类方案的重要度 s_{ijk}，进而构造方案层的 18 个判断矩阵，记为 D_{ij}（$i = 1，2，L，6；j = 1，2，L，3；k = 1，2，L，3$），各 D_{ij} 是 1 个 3 阶方阵。

6.3.5 层次排序及检验

1. 层次单排序及检验

对各层次的各判断矩阵进行单排序，计算权向量，并进行一致性检验。为便于方法介绍，令当前考虑的判断矩阵为 $A_{n \times n}$，是 1 个 n 阶方阵，其元素为 a_{ij}。

本章采用方根法计算权向量，计算步骤如下：

①求判断矩阵每一行元素的乘积 M_i：

$$M_i = \prod_{j=1}^{n} a_{ij}，i = 1，2，L，n \quad (6-3)$$

②计算 M_i 的 n 次方根：

$$\overline{W}_i = \sqrt[n]{M_i}，i = 1，2，L，n \quad (6-4)$$

③计算权向量 W 及特征值 $\lambda_{\max}$：

$$W_i = \frac{\overline{W}_i}{\sum_{j=1}^{n} \overline{W}_j}，i = 1，2，L，n \quad (6-5)$$

$$\lambda_{\max} = \frac{1}{n} \sum_{j=1}^{n} \frac{(AW)_i}{W_i} \quad (6-6)$$

对判断矩阵 *A* 的一致性检验方法如下：

①计算一致性指标：

$$C.I. = \frac{\lambda_{max} - n}{n - 1} \qquad (6-7)$$

②查找相应的平均随机一致性指标（见表6-4）。

表6-4　　　　　　　　　　　　平均随机一致性指标

n	$R.I.$
1	0.00
2	0.00
3	0.52
4	0.89
5	1.12
6	1.26
7	1.36
8	1.41
9	1.46
10	1.49
11	1.52
12	1.54

③计算一致性比率：

$$C.R. = \frac{C.I.}{R.I.} \qquad (6-8)$$

当 $C.R. < 0.10$ 时，认为判断矩阵是可接受的；当 $C.R. \geqslant 0.10$ 时，应修正判断矩阵。

2. 层次总排序

当所有判断矩阵经过一致性检验后，令 **B** 的单排序权向量为（b_1，b_2，L，b_6），各 **C_i**（$i = 1$，2，L，6）的单排序权向量为（c_{i1}，c_{i2}，c_{i3}），各 **D_i**（$i = 1$，2，L，6；$j = 1$，2，L，3）的单排序权向量为（d_{ij1}，d_{ij2}，d_{ij3}）。接下来按层次由高到低依次进行层次总排序。

对于准则层，其总排序的权向量 (b'_1, b'_2, L, b'_6) 与单排序的权向量一致，即

$$(b'_1, b'_2, L, b'_6) = (b_1, b_2, L, b_6) \qquad (6-9)$$

对于次准则层，其总排序的权向量如下：

$$(c'_{11}, c'_{12}, c'_{13}, L, c'_{61}, c'_{62}, c'_{63})$$

$$= (b_1 c'_{11}, b_1 c'_{12}, b_1 c'_{13}, L, b_6 c'_{61}, b_6 c'_{62}, b_6 c'_{63}) \qquad (6-10)$$

对于方案层，其总排序的权向量如下：

$$(d'_{ij1}, d'_{ij2}, d'_{ij3}) = \left(\sum_{i=1}^{6} \sum_{j=1}^{3} c'_{ij} d_{ij1}, \ \sum_{i=1}^{6} \sum_{j=1}^{3} c'_{ij} d_{ij2}, \ \sum_{i=1}^{6} \sum_{j=1}^{3} c'_{ij} d_{ij3} \right)$$

$$(6-11)$$

权向量 (d'_{ij1}, d'_{ij2}, d'_{ij3}) 代表 3 种运营管理模式的重要度，一种模式在权向量中所占的权重越大，表示其对实现"动车所能力利用与运营效益最大"目标越有利，即越应该采取该运营管理模式。

6.3.6 实例分析

1. 温州南动车所简介

选取温州南动车所开展案例分析，对所提出方法进行验证。温州南动车所，全称温州南客运段动车组维修所，位于中国浙江省温州市洞头区，隶属于中国铁路上海局集团有限公司。作为中国铁路上海局集团有限公司动车组设备最大的检修保养基地之一，温州南动车所主要负责动车组的日常检修、定期检修、段修以及中修作业任务，为动车组的安全运行提供设备保障。从动车所运营管理模式的影响因素来看，具有以下特征。

从路网地位来看，温州南动车所位于中国东南部沿海地区，地理位置优越，交通便利，是中国铁路上海局集团有限公司重要的动车组维修基地之一。在中国高铁路网中，温州南动车所承担着重要的角色和职责。在地区铁路网中，温州南动车所负责周边温州、永嘉、乐清、苍南、温岭、台州等地区的动车组检修和保养工作，维护这些地区的高铁安全运行。温州南动车所服务

的范围不仅限于温州地区，还广泛服务于上海、杭州、宁波、南京等地的动车组，为这些地区的高铁安全运行提供设备保障。由于温州南动车所的设备先进、技术力量雄厚，其在高铁设备维修、研究、技术改进等方面具有重要的作用和影响力，对中国高铁技术的发展和提升起到了积极的推动作用。温州南动车所还对外提供技术培训和人才培养，为中国铁路事业的发展输送了大量优秀人才，对中国铁路人才队伍的建设有着重要支撑作用。因此，温州南动车所在中国铁路网中具有重要的地位和作用，是中国高铁安全运行的重要保障。

从政策导向来看，温州南动车所在财政补贴上可以得到地方政府的支持，可根据市场供求和竞争状况较为自主地制定具体价格水平。

2. 判断矩阵的构造结果

现利用所提出的 AHP 方法，设计动车所的运营管理模式。结果及相应的分析如下：

对于准则层的判断矩阵，通过专家咨询、现场调研和问卷调查，得到准则层 6 个指标重要度的建议值，如表 6-5 所示。基于此，便可构造准则层的判断矩阵 B。

于次准则层的判断矩阵，首先进行样本选取，按照线路运营性质相似的原则，选取我国目前已开通/在建的合资城际铁路（共计 13 条）的实际数据作为样本。按照表 6-2 所示的赋值规则，准则层指标的样本数据如表 6-6 所示，次准则层指标的样本数据如表 6-7 所示。

表 6-5　　　　　　　　　　准则层指标重要度的建议值

指标	重要度
路网地位	9
政策导向	7
投融资体制	5
法人治理	3
资源经营	3
运营效益	7

表 6-6   准则层指标的样本数据

合资线路	路网地位	政策导向	投融资体制	法人治理	资源经营	运营效益	运营管理模式
莞惠城际	2	7	6	7	3	6	委托运输
广佛肇城际	4	7	6	6	3	9	委托运输
广珠城际	6	7	6	9	6	5	委托运输
武咸城际	4	5	6	3	2	8	委托运营
武冈城际	3	5	5	3	2	8	委托运营
武石城际	4	5	6	3	2	7	委托运营
汉孝城际	4	5	5	3	2	8	委托运营
京唐城际	6	9	4	7	6	4	委托运输
京滨城际	6	9	3	7	6	6	委托运输
济青高铁	7	8	8	8	3	7	委托运输
鲁南高铁	7	9	6	7	3	6	委托运输
杭绍台城际	5	6	6	9	4	7	自管自营
杭温高铁	7	6	6	9	4	6	自管自营

表 6-7   次准则层指标的样本数据

指标	合资铁路												
	莞惠城际	广佛肇城际	广珠城际	武咸城际	武冈城际	武石城际	汉孝城际	京唐城际	京滨城际	济青高铁	鲁南高铁	杭绍台城际	杭温高铁
线路类型	1	2	3	2	2	2	2	3	2	3	3	2	3
线路里程(km)	107	84.52	115.62	90.12	35.99	95	61.68	148.74	171.74	307.9	494	269	310
衔接干线数	0	2	3	2	2	2	2	4	5	3	2	3	3
财政补贴	2	2	3	1	1	1	1	3	3	3	3	2	2

续表

指标	合资铁路												
	莞惠城际	广佛肇城际	广珠城际	武咸城际	武冈城际	武石城际	汉孝城际	京唐城际	京滨城际	济青高铁	鲁南高铁	杭绍台城际	杭温高铁
票价制定权	2	2	3	1	1	1	1	3	3	3	3	2	2
国铁准入权	3	3	1	3	3	3	3	3	3	2	3	2	2
投资主体	2	2	2	2	2	2	2	1	1	2	2	3	3
非国铁股比	0.6	0.6	0.51	0.6535	0.6535	0.6535	0.6535	0.26	0.2667	0.8	0.8	0.51	0.51
融资能力	2	2	2	2	1	2	1	2	1	3	1	1	1
权责划分	2	2	3	1	1	1	1	2	2	2	2	3	3
运营清算体系	3	2	3	1	1	1	1	2	3	3	2	3	3
监管机制	2	2	3	1	1	1	1	3	2	3	3	3	3
移动设备	1	1	3	1	1	1	1	3	3	1	1	3	3
固定设施	1	1	2	1	1	1	1	2	2	1	1	1	1
人力资源	2	2	3	1	1	1	1	3	3	2	2	2	2
运输收益（万元）	82776.6	51620.35	186625.3	7318.213	8789.322	30583.35	4903.375	152681.1	176290.6	387377.8	348867.4	283508	302626.5
附加价值	2	3	1	3	3	2	3	1	1	1	1	2	1
公益支出	2	3	1	3	3	3	3	1	2	1	1	1	1

通过多元线性回归结果，在对样本数据进行归一化处理的基础上，次准则层的 6 个判断矩阵 C_i 关联变量的多元线性回归结果为：

$$x_1 = 0.25 + 2.99x_{11} + 3.80x_{12} + 4.43x_{13} \tag{6-12}$$

$$x_2 = 0.01 + 6.00x_{21} + 0.01x_{22} + 3.00x_{23} \tag{6-13}$$

$$x_3 = -0.77 + 4.51x_{31} + 3.39x_{32} + 3.32x_{33} \tag{6-14}$$

$$x_4 = 0.01 + 3.00x_{41} + 3.00x_{42} + 3.00x_{43} \tag{6-15}$$

$$x_5 = 1.00 + 3.00x_{51} + 2.00x_{52} + 3.00x_{53} \tag{6-16}$$

$$x_6 = -0.33 + 4.43x_{61} + 4.59x_{62} + 4.26x_{63} \tag{6-17}$$

相应的回归分析统计值如表 6-8 所示。

表 6-8　　　　　　　　　　　回归分析统计值

判断矩阵	r^2	F	p	F_{1-a}
C_1	0.985	191.328	<0.01	6.99
C_2	1.000	>1000	<0.01	6.99
C_3	0.987	230.401	<0.01	6.99
C_4	1.000	>1000	<0.01	6.99
C_5	1.000	>1000	<0.01	6.99
C_6	0.946	52.758	<0.01	6.99

对比表 6-8 可知，所有回归结果均通过了显著性检验，可基于此确定 C_i 关联的所有次准则层指标 x_{ij} 的重要度 s_{ij}（见表 6-9）。根据 s_{ij}，可进而构造出 C_i。

表 6-9　　　　　　　　　　　方案层参数

重要度	$j=1$	$j=2$	$j=3$
s_{1j}	4	2	2
s_{2j}	9	1	3
s_{3j}	4	4	4
s_{4j}	2	3	3
s_{5j}	1	1	2
s_{6j}	5	2	2

接下来对判断矩阵的一致性进行检验。

准则层、次准则层、方案层各判断矩阵的一致性比例 $C.R.$ 均接近 0，小于 0.1，通过一致性检验，可用于后续层次排序。

3. 层次排序的结果及分析

准则层和次准则层的单排序结果如图 6-2 所示。其中，每个准则层指标下方括号内的数字表示其对目标层单排序的权重，每个次准则层指标下方括号内的数字表示其对准则层对应指标单排序的权重。简便起见，省略方案层各运营管理模式方案单排序的权向量。

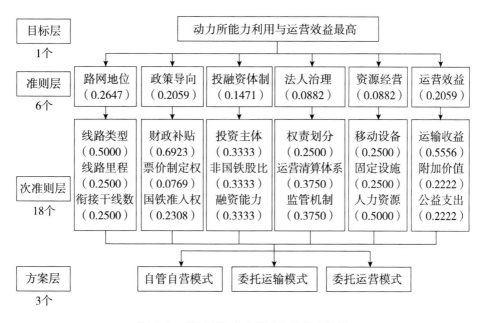

图 6-2　准则层和次准则层的单排序结果

分析图 6-2 所示的单排序结果，得到以下结论。

第一，准则层单排序中，路网地位的权重最高，其次是政策导向和运营效益，三者的权重之和占到了 67.65%，说明在动车所运营管理模式决策中，路网地位、政策导向和运营效益指标的影响最大。

第二，路网地位下属次准则层的单排序中，线路类型的权重占到了 50%，表明像这种路网干线型的合资铁路线路所处的动车所能力利用率和运输效益较高。

第三，政策导向下属次准则层的单排序中，财政补贴和国铁准入权的权重之和占到了 92.31%，反映了给予温州南动车所适当的财政补贴，并确保国铁的准入权，将有利于充分发挥其能力、提高其效益。

第四，运营效益下属次准则层的单排序中，运输收益的权重占到了 55.56%，说明温州南动车所需要拓展运输市场，提升运输收益，以达到充分发挥线路能力和提高运输效益的目的。

而对于层次总排序结果及分析，准则层的总排序结果（即 6 个准则层指标对目标层的权重）与其单排序结果相同，如图 6-2 准则层和次准则层的单排序结果所示。次准则层的总排序结果（即 18 个次准则层指标对目标层的权重）省略。方案层的总排序结果（即 3 种运营管理模式对目标层的权重）如表 6-10 所示。

表6-10   方案层的总排序结果

运营管理模式	权重
自管自营	0.3063
委托运营	0.5145
委托运输	0.1792

针对表 6-10 中的结果进行分析，得到以下结论。

第一，3 种候选运营管理模式中，权重最高的是委托运营模式，表明温州南动车所当前采用委托运营模式对于线路能力利用与效益最高的目标最有利。

第二，自管自营模式对于实现温州南动车所充分利用自身能力、提高效益的目标具有一定的潜力，可供决策者在探索温州南动车所新的运营管理模式时参考。

6.3.7 结论

本章利用 AHP 方法，对动车所运营管理模式选择问题开展研究。根据相关影响因素，建立了含目标层、准则层（6个指标）、次准则层（18个指标）和方案层（3个方案）的四级层次结构模型。在采用专家打分法构造准则层判断矩阵的基础上，将已开通/在建合资铁路中地方铁路的实际数据作为样本，采用多元线性回归方法构造次准则层判断矩阵，将样本中各次准则层指标按3种运营管理模式分别统计平均值构造方案层的判断矩阵。最后采用温州南动车所进行案例分析，结果表明委托运营模式的重要度最高，对温州南动车所的线路能力利用与效益最高的目标最有利，与实际相符，验证了方法的合理性与可行性，但是自管自营模式对于实现温州南动车所充分利用自身能力、提高效益的目标具有一定的潜力，可供决策者在探索温州南动车所新的运营管理模式时参考。

相较于传统的 AHP 方法，本章采用多元线性回归的方法，确定次准则层中各判断矩阵对应的所有次准则指标的重要度并基于此构造判断矩阵，具有以下优点。

第一，本方法利用样本数据确定次准则层指标的重要度，一定程度上避免了传统专家打分法主观性强的缺点。

第二，由于次准则层指标较多，采用专家打分法容易造成判断矩阵通不过一致性检验，而本方法一般不会出现判断矩阵通不过一致性检验的情况。

第三，本方法具有较强的可移植性，只需更换其对应的指标数据，或者再适当调整样本数据，便可为不同类型动车所运营管理模式的选择提供建议。

需要注意的是，样本量的大小和样本中偏定性指标的赋值对 AHP 方法的有效性存在影响，未来可将该方法应用于更多案例，并将所获得的结果与实际方案做对比，以更全面评估 AHP 方法的有效性。此外，基于回归分析构造的次准则层指标重要度的精度与选取的显著性水平存在联系，当显著性水平较小时，指标重要度的精度更高，但有可能出现不满足统计检验的情况。找到两者的平衡点，使其满足统计检验的同时精度更高，这有待进一步研究。

第7章

研究结论

　　对使用性收费的可行性来说，以全国目前动车所的建设模式及运营方式来看，动车所是为主线动车组提供具备始发车条件的服务性单位，从其功能及定位来讲是消耗型服务机构，再加上其服务对象就是与其配套的线路主线，其出资单位均为一家主体。虽说动车所提供的服务会产生一定的经济价值，但由于是同一家出资主体，不会进行单独核算。而其他线路上的动车组若进非本线配套的动车所进行整修，其服务费用也纳入该动车所配套的主线线路使用费中，与主线的出资主体进行核算，同样不会与动车所进行单独核算。

　　在温州南动车所项目上，建议同多方落实合理投资回报机制。温州南动车所为 PPP 高速铁路建设试点项目，鉴于国家铁路体制改革尚在推进完善中，各方面有较大的不确定性，因此需要项目公司多方主动协调，落实合理投资回报机制，争取更多更稳定的政策支持，获得更合理的稳定回报，完善各方风险分担机制，研究合适的资本退出机制，并与相关方达成一致。

　　研究温州南动车所可持续发展对策。温州南动车所盈利能力欠佳，项目建成后在日常运营过程中，需要支付运营成本等日常开支。在运营初期，其自身盈利能力不强，并且还需要支付银行贷款利息，如若没有可行的可持续运营的发展路径，可能会导致资金链的不稳定，因此，建议在项目推进过程中研究项目可持续发展的对策。

　　温州南动车所的特殊性在于其虽然是杭温高铁主线的配套附属设施，初步设计也是随杭温高铁主线共同批复的，但温州南动车所与杭温高铁主线是完全不同的两个建设主体。杭温高铁是由百盛联合集团作为牵头主体出资修建的，而温州南动车所是由浙江省政府及温州市政府共同出资修建的。其功能定位是为杭温高铁做配套服务的，但由于是两个不同的建设主体，建议采用委托运营管理模式，其存在使用费单独结算的可行性。

　　若采用使用费单独结算，使用性收费根据动车所功能定位及其提供服务内容，可产生的使用性收费项目及收费标准如表5-10所示。

　　本项目的经济效益欠佳。在收费和日均检修车次理想的情况下根据估算，温州南动车所运营期 30 年预算支出为 56.7 亿元，收入为 57 亿元，可以满足收支平衡。但财务评价计算期可能存在累计资金缺口，政府需制定相应政策以保证项目的可持续性。建议未来本项目在建设及运营过程中，在确保各区各级财政资金投入的前提下，尝试多元化融资方式，并适当给予税费支持；在运营过程中不断完善票制、票价及调整机制，尽量做到将动车所资源开发经营与线路同步规划、设计和建设，拓展附属资源，完善上下游产业链，以实现动车所的可持续性及资源开发运营效益最大化；同时形成一套完整、成熟，并具有浙江温州特色的经营管理体系。

参考文献

［1］祝雪颖. 合资铁路经营亏损原因分析及对策研究［J］. 石家庄铁道大学学报（社会科学版），2017，11（03）：37-40.

［2］李晟东. 基于市场导向的动态铁路货物运输组织计划编制关键技术研究［D］. 成都：西南交通大学，2021.

［3］吴锋，赵军，符佳芯，等. 基于 AHP 的合资铁路运营管理模式选择研究［J］. 交通运输工程与信息学报，2020，18（04）：153-165.

［4］窦静雅. 站城融合理念下铁路站区综合开发的思考与建议［J］. 铁道经济研究，2022（01）：18-22.

［5］郑宝健. 城市综合管廊 PPP 项目运营收费模式分析［J］. 石家庄铁路职业技术学院学报，2022，21（02）：61-65.

［6］吴隽. 基于 PPP 模式的地方政府举债融资机制分析［J］. 中国国情国力，2015（07）：24-27.

［7］田强，薛国州，田建波，等. 城市地下综合管廊经济效益研究［J］. 地下空间与工程学报，2015，11（S2）：373-377.

［8］范恒蔚. PPP 模式在准经营性基础设施项目中的应用［J］. 经济视角，2006（12）：45-46.

［9］谢红太，王伟，李祥，等. 南京枢纽新建南京北动车所的必要性及整体布局方案研究［J］. 高速铁路技术，2022，13（01）：28-38.

［10］杨宇帆. 高速铁路建设工程施工质量管控系统的分析与设计［D］.

成都：西南交通大学，2019.

[11] 侯海永. 旅客列车开行综合效益分析与评价 [D]. 成都：西南交通大学，2006.

[12] 陶思宇，查伟雄. 旅客列车开行方案经济效益的评价方法 [J]. 中国铁路，2005（08）：42-45.

[13] 杜学东，高自友. 铁路旅客列车开行效益分析与决策支持系统 [J]. 铁道学报，2003（03）：13-18.

[14] 贾俊芳. 旅游列车开行方案经济效益评价方法研究 [J]. 北方交通大学学报，2002（02）：87-90.

[15] 周明德，李文兴. 铁路客运专线运输作业成本计算方法 [J]. 管理现代化，2007（06）：33-35.

[16] 周熙霖. 客运专线运输成本研究 [J]. 铁道标准设计，2006（S1）：272-274.

[17] 郑永奎. 客运专线运输成本的测算方法研究 [D]. 成都：西南交通大学，2011.

[18] 郭郁宾. 铁路运输企业成本核算的"时空"方法探讨 [J]. 辽宁经济，2010（01）：78-79.

[19] 涂旭，李雅娟. 对于铁路客运成本计算方法的进一步探讨 [J]. 华东交通大学学报，2003（06）：75-77.

[20] 张萧萧. 高速铁路旅客列车开行方案评价方法及系统开发 [D]. 北京：北京交通大学，2011.

[21] 李剑，刘会林. 铁路旅客列车开行方案经济效益评价系统的开发 [J]. 铁道运输与经济，2008（05）：26-28.

[22] 曾立雄，查伟雄. 旅客列车开行方案决策支持系统的数据库需求分析 [J]. 交通运输系统工程与信息，2006（01）：60-63.

[23] 杨选良，张薇，程骏. 论科技基础条件平台的经济属性及收费政策 [J]. 中国科技论坛，2006（04）：29-31，23.

［24］王琦，李健．居住型轨道站点周边慢行交通设施评价与改善［J］.武汉理工大学学报（交通科学与工程版），2016，40（03）：544-549.

［25］何艳宁．铁路投融资体制改革下的建设项目档案管理探讨［J］.铁道经济研究，2022（06）：24-28.

［26］邓吉．城市轨道交通可研阶段局部方案比选评价方法的研究［D］.北京：北京交通大学，2013.

［27］杨寒雨，赵晓永，王磊．数据归一化方法综述［J］.计算机工程与应用，2023，59（03）：13-22.

［28］高继文．多元线性回归参数的估计［J］.西安文理学院学报（自然科学版），2023，26（03）：1-5，12.

［29］安博文，黄寰．考虑时间特征的客观 AHP 判断矩阵构造方法［J］.数量经济技术经济研究，2022，39（06）：161-181.

［30］MARTIMORT D，POUYET J. To build or not to build：Normative and positive theories of public-private partnerships［J］. International Journal of Industrial Organization，2008，26（02）：393-411.

［31］HUNT D V L，NASH D，ROGERS C D F. Sustainable utility placement via Multi-Utility Tunnels ［J］. Tunnelling and Underground Space Technology，2014（39）：15-26.